TIBET
HET STILLE DRAMA

C. Vertente

TIBET
HET STILLE DRAMA

PEETERS
LEUVEN
1985

Inforiënt-reeks

Hoofdredacteur: Dr. W.M. Callewaert

Redactieleden: Prof. U. Libbrecht
Prof. W. Vande Walle
Prof. U. Vermeulen
Adres: Blijde Inkomststraat 21, 3000 Leuven

ISBN 90-6831-038-0
D. 1985/0602/31

INHOUDSTAFEL

VOORWOORD

Tibet is bijna even groot als West-Europa en ligt grotendeels boven 4000 m. Het wordt doorkruist door 4 bergketens waarvan de zuidelijk gelegen Himalaya de grootste is.

Tibet is een voorbeeld van een religieus georiënteerde samenleving die vanaf de eerste eeuw van onze jaartelling een religieuze geschiedenis heeft gekend en die tot het midden van de twintigste eeuw grotendeels geïsoleerd bleef van de buitenwereld en daarom een heel eigen karakter had.

De confrontatie met het Chinese atheïstische regime heeft deze traditionele maatschappij tegen haar wil in betrokken in de ideologische, politieke en economische ontwikkelingen van de Volksrepubliek China. Het evenwicht werd verstoord. De oude adellijke en religieuze machthebbers zijn vervangen door andere, meestal Chinese, heersers.

Het culturele erfgoed heeft onomkeerbare schade geleden en de Tibetaanse bevolking heeft dramatische tijden beleefd, maar al bij al bleef het religieuze bewustzijn behouden.

Het statische karakter van de traditionele Tibetaanse samenleving is verbroken. Zelfs de tegenstanders van het nieuwe regime erkennen dat een terugkeer naar de toestand van voor 1951 noch mogelijk, noch wenselijk is. Men hoopt op een betere toekomst, die slechts mogelijk is als er een consensus gevonden wordt tussen de atheïstische Chinese staat en het religieuze Tibetaanse volk.

In dit werk wordt geprobeerd, naast een historisch overzicht, te antwoorden op de vraag naar de betekenis van de veranderingen in het dagelijkse leven van de hedendaagse Tibetaan. Hierbij werd aandacht geschonken aan wat zich op een ruimer vlak, in China en in de wereld, afspeelde. De interne machtsstrijd en evolutie in China, de verhouding van China met het buitenland, de bewustwording van de Tibetanen in ballingschap, zijn enkele factoren die een rol spelen en het begrip van de huidige situatie mee bepalen.

Toch beperkt dit boek zich tot het schetsen van de evolutie van een volk dat geconfronteerd werd met ongewenste, ingrijpende veranderingen en zo in de stroomversnelling van de twintigste eeuw werd meegesleept. Voor het aspect kunst wordt verwezen naar de Inforiënt cataloog 1982: Tibetaans-Boeddhistische kunst.

Tibet is een gesloten land en is dit, niettegenstaande alles, in grote mate gebleven. De toegang tot het land is nog steeds beperkt.

Meestal werden de Tibetaanse namen en woorden geschreven zoals ze uitgesproken worden, daar de vele clusters het lezen anders onmogelijk zouden maken. Waar het interessant was voor ontleding van de betekenis werd tussen haakjes de transcriptie van de Tibetaanse versie opgenomen. De Chinese woorden en namen werden in Pin-yin geschreven.

Graag dank ik Sabine De Jaegere voor haar medewerking aan het tweede hoofdstuk. Ook dank ik Ludo Meyvis voor de revisie van de tekst, Patrick Willems voor het herwerken van het kaartenmateriaal en de dames Josette Bruggemans en Monique Laureyns voor het tikken van het script.

HOOFDSTUK 1

TIBET, GEOGRAFISCH EN HISTORISCH

1. *Geografische schets*

„Lang geleden lag Tibet op de bodem van de zee, die zich dankzij Chenresig, de bodhisattva van het medelijden, terugtrok en een gebied achterliet omringd door hoge bergen. De huidige wetenschappelijke theorieën bevestigen deze legende. De Thetyszee trok zich terug toen India, dat in de oertijd nog vrij ronddreef in de oceaan, tegen het centraal Aziatisch plat aanbotste. Zo onstond de Himalaya en Tibet. Tibet bestaat voor het grootste deel uit een uitgestrekt hoogplateau doorsneden door diepe valleien en begrensd door hoge bergketens, woestijnen en moerassen. De oppervlakte van Tibet is iets meer dan 1 200 000 vierkante kilometer. In het zuiden en het westen vormt de Himalaya een ruim 2000 kilometer lange boog en sluit het land af van India, Nepal en Bhutan. In het oosten grenst Tibet aan de Chinese provincies Sichuan en Qinghai. In het noorden is Tibet gescheiden van de vlaktes en woestijnen van Xinjiang door de Kunlun en de Altyn Tagh. Maar de Tibetaanse cultuur strekt zich uit tot het Kokonormeer en de Kansucorridor. In verband met Tibet maakt men onderscheid tussen geografisch, cultureel of etnografisch en politiek Tibet. Geografisch Tibet omvat buiten het gebied dat vandaag de dag het autonome gebied Tibet wordt genoemd, ook delen van Xinjiang en gebieden die sinds 1928 de Chinese provincies Qinghai en Xijiang vormen. Cultureel of etnografisch Tibet omvat alle gebieden die ooit vooral of uitsluitend door Tibetanen werden bewoond. Politiek Tibet omvat die delen van geografisch en cultureel Tibet die tot 1951 door Tibetaanse regeringen bestuurd werd.

Het noorden van het land, Chang Thang, is een uitgestrekt plateau dat doorkruist wordt door bergketens en waar men veel zoutwater-

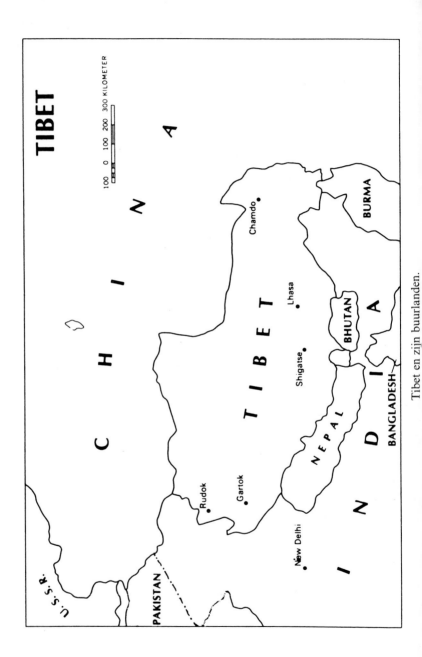

Tibet en zijn buurlanden.

meren, overblijfselen van de Thetyszee, vindt[1]. In deze lege streek heerst een droog continentaal klimaat. Alleen in het zuidelijk deel leven enkele nomadengroepen met hun yak- en schapekudden.

In tegenstelling met Chang Thang zijn er in het zuiden vruchtbare valleien. Het is dan ook de belangrijkste landbouwstreek en de bakermat van de Tibetaanse cultuur. De meerderheid van de Tibetanen leeft in deze dalen[2]. De belangrijkste vallei is die van de Tsang-po. De hoofdstad Lasa is gelegen aan de Kyi Chu, een bijrivier van de Tsang-po, in de provincie Ü. Meer naar het westen ligt de provincie Tsang, met Shigatse als centrum. Beide provincies vormen samen de belangrijkste regio van het land, zowel op politiek en cultureel, als op economisch vlak.

In deze zuidelijke valleien zijn de zomers aangenaam warm, maar kort. De temperatuur stijgt in het 3732 meter hoog gelegen Lasa, zelden boven 25 graden en 's winters blijft zij meestal boven het vriespunt en valt er weinig sneeuw. De neerslag is afhankelijk van de zomermoesson .en verschilt van jaar tot jaar. Ondanks de hoogte is de teelt van tarwe, gerst, aardappelen, bonen en rapen mogelijk. In lager gelegen gebieden wordt ook fruit gekweekt.

De provincies Amdo en Kham in het noord-oosten vormen een derde geografisch onderscheiden deel van Tibet. Het noordelijke Amdo kenmerkt zich door een oud, afgesleten gebergte waar nomaden met hun kudden rondtrekken. Het is hier aan de oostgrens met China dat Tibet het meest toegankelijk is.

In Kham zijn de bergen bedekt met subtropische wouden. Hier ontspringen de grote stromen van Azië: de Salween, de Mekong en de Yangtse. Ze stromen naast elkaar door diepe valleien naar het zuiden.

---

[1] Voor Tibetaanse plaats- en persoonsnamen werd gekozen voor de meest voorkomende schrijfwijze om de lezing van de tekst niet te bemoeilijken.
[2] De officiële Chinese schatting van de Tibetaanse bevolking was 3 miljoen tot 3,25 miljoen. De officiële Chinese cijfers voor 1959 zijn 1,19 miljoen en voor 1978 1,63 miljoen. De Dalai Lama schat het aantal Tibetanen op 6 miljoen. Volgens Mullin, een min of meer objectieve bron, zijn er 1,8 miljoen Tibetanen, plus enkele miljoenen in de aangrenzende Chinese provincies.

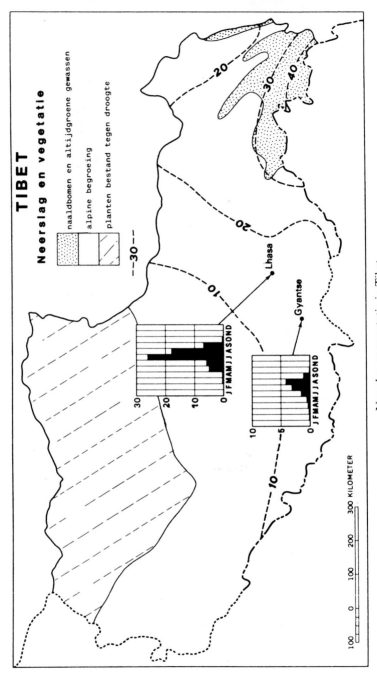

Neerslag en vegetatie in Tibet.

2. *Geschiedenis*

In vergelijking met China en India trad Tibet vrij laat in de geschiedenis. Pas vanaf de achtste en negende eeuw na Christus zijn er inscripties en geschreven documenten. De oudste betrouwbare historische traditie situeert zich op het einde van de zevende eeuw. De politieke geschiedenis Tibet is voor een groot deel ook de geschiedenis van haar cultuur en religie. Ze zijn niet van elkaar te scheiden. De symbiose van geestelijke en wereldlijke macht is het resultaat van een eeuwenlange evolutie. De groeiende invloed van het Boeddhisme en zijn machtige boeddhistische kloosters leidde tot de heerschappij van de leider van de machtigste orde, de Gelugpa, ten nadele van de adel en de monarchie. De boeddhistische leer van vrede en respect heeft het eens krijgshaftige Tibetaanse volk getemd. Dit had voor gevolg dat Tibet, militair zwak, vanaf de elfde eeuw, regelmatig overheersingen moest ondergaan, zij het met een zekere autonomie en een eigen regering.

De Tibetanen stammen volgens de meeste auteurs af van de niet-Chinese Qiang nomaden, die reeds vele eeuwen voor onze tijdrekening hun kudden hoedden in het oostelijk deel van Centraal-Azië. De grond voor deze hypothese ligt in de extensieve landbouwmethode met zijn altijd aanwezige element van veeteelt, in de bereidheid van de Tibetanen te reizen over grote afstanden, het aangeboren talent om te gaan met dieren en de vreugde die men vindt in het verblijf in open lucht, gekoppeld aan een sterk individualisme. Wat het meest doorweegt is het feit dat tot zeer onlangs, namelijk 1950, een groot aantal nomaden bestaan hebben, die voor hun levensonderhoud volledig afhankelijk waren van hun geiten, schapen en yakkudden. De nomaden hebben zich veel minder dan de landbouwers uit het zuiden, vermengd met andere volken en hun levenswijze is in 2000 jaar weinig veranderd.

De Tibetaans sprekende volken hebben zich in het begin van onze tijdrekening westwaarts verpreid over het zuidelijk deel van het Tibetaanse hoogland. Ze waren veelal aanhangers van de Bönreligie. Hun trek is in zekere mate af te leiden uit latere geschriften die de trektocht van de belangrijke clans van noord-oost Tibet naar het centrum van het gebied beschrijven. Er is blijkbaar een continue beweging geweest van rivaliserende families die zich tenslotte in de vruchtbare valleien van centraal- en zuid-Tibet hebben gevestigd en er, althans gedeeltelijk, aan sedentaire landbouw deden. Naarmate de clans meer sedentair werden, verwierven bepaalde families een adellijke status, die waarschijnlijk niet veel verschilt van het type van lokale erfelijke heersers dat tot 1959 bestond.

Vanaf de vijfde eeuw drong het Boeddhisme door tot Tibet. Zijn impact bleef aanvankelijk zeer beperkt. In de woelige periode voor de zesde eeuw werden de min of meer gevestigde clans uit hun gebied verdreven door nieuwkomers. Vanaf de zevende eeuw werden de indringers geïntegreerd door huwelijksallianties.

De vroegste geschreven bronnen beschrijven hoe de rivaliserende clanhoofden in hun versterkte vestingen van het oostelijk en centraal gedeelte van de Tsang-po vallei leefden. Elke heer had zijn adellijke vazallen en dienaren uit het volk. Men deed aan landbouw en veeteelt. Ten noorden van deze bakermat van de Tibetaanse beschaving zwierven de nomaden.

Op het einde van de zesde eeuw ontstond er een politieke eenheid die sterk genoeg was om de verschillende staatjes te verenigen, doordat enkele lokale heren de heerser van Yarlung-vallei als hun koning erkenden. Deze eerste koning van Tibet had reeds een duidelijke sacrale functie. Hij stond, evenals zijn opvolgers, bekend als de ‚Goddelijke Machtige', ‚Zoon van de Goden'. Na hun dood keerden deze vorsten terug naar de hemel en lieten zelfs hun stoffelijk overschot niet achter op deze aarde. Deze eerste heersers waren weinig meer dan prinsen, wier macht in verhouding stond met hun persoonlijke bekwaamheid. Vanaf de zevende eeuw kende Tibet een periode van ontwikkeling en expansie. De Yarlung-dynastie kenmerkte zich door talrijke veroveringstochten. Koning Songtsen Gampo (regeerde van 634 tot 650) gaf aan het middeleeuwse Tibet zijn luister. Hij is de stichter van Lasa en hij vaardigde een codex uit. Zijn veroveringstochten breidden het rijk uit tot het Kokonormeer, Mongolië en Ladhak. Door zijn huwelijk met de Nepalese prinses Brikuti werd Nepal zijn vazalstaat. De groei van de Tibetaanse macht leidde onvermijdelijk tot een confrontatie met China, de belangrijkste rivaal. De Tibetanen drongen steeds verder door tot Kansu, Sichuan, Yunnan en Shansi. Op een bepaald ogenblik veroverden ze zelfs Changan, de hoofdstad van de Tang dynastie.Om een einde te maken aan de Tibetaanse veroveringstochten schonk de Tangkeizer zijn dochter Wen Zheng aan de Tibetaanse koning. Tot op vandaag steunen de Chinezen hun aanspraken op Tibet op dit feit, terwijl de Dalai Lama er zich van zijn kant juist op beroept om de onafhankelijkheid van Tibet aan te tonen. Tijdens de regering van Songtsen Gampo werd het Tibetaanse alfabet gecreëerd op basis van het Indiaas schrift. Zo had men een medium om de boeddhistische teksten die met de buitenlandse prinsessen meekwamen te vertalen en op te schrijven.

Het Boeddhisme bleef in deze tijd nog een hofreligie en sluimerde tot de helft van de achtste eeuw als in een winterslaap. Toen riep koning Ti-song Detsan de tantistische leraar Padmasambhava, bekend als guru Rimpoche, naar het hof om het Boeddhisme in ere te herstellen. Hij bracht een versmelting tussen Bön en Boeddhisme tot stand, door verschillende aspecten van het Böngeloof aan de boeddhistische rituelen toe te voegen. Zo ontstond het Lamaïsme. Daarna verspreidde het zich en ontstonden de eerste kloosters.

In de daaropvolgende eeuwen verzwakte de macht van de koningen. De ineenstorting van het koninkrijk maakte een einde aan twee eeuwen militaire expansie en politieke invloed in Centraal-Azië. De Tibetanen zijn er nooit meer in geslaagd een gecoördineerde politieke en militaire activiteit te ontplooien buiten de grenzen van Tibet.

Er is weinig informatie beschikbaar over de periode voor de inval van de Mongolen in 1247. Het boeddhistische kloosterwezen diversifieerde zich in verschillende ordes. De monniken en families van de abten werden de politieke leiders van het land. Van toen af was de politieke eenheid van Tibet, in de praktijk beperkt tot Centraal Tibet, afhankelijk van vreemde overheersers. Westelijk Tibet, Ladhak, werd onafhankelijk en viel nooit meer onder de heerschappij van Lasa of China. Nadat de Mongolen in 1247 Tibet waren binnengevallen, deelden ze het rijk in, in districten, om de belastingsinning te vergemakkelijken. Het communicatienet werd enigzins verbeterd, maar verder lieten de Mongolen het beleid over aan de Sakya-pa. De groot-lama van de Sakya-pa onderwierp zich aan de Mongolen die hem erkenden als het hoogste geestelijk en administratief gezag over Tibet. De Sakya groot-lama won het vertrouwen van Kublai Khan en werd vazal-heerser over Tibet, terwijl Kublai zelf een machtig en toegewijd beschermer van het Boeddhisme werd en keizer van China. Van toen af ontstond de bijzondere

,beschermheer-priester' relatie tussen China en Tibet, waarbij de heerser van Tibet, in de persoon van de groot-lama, beschouwd werd als de religieuze raadsheer en priester van de keizer, die op zijn beurt als heer en beschermer optrad. Er is geen geschreven akkoord dat deze relatie beschrijft, maar er bestaat geen andere basis voor de verhouding tussen beide landen. Het was en bleef een flexibele en variabele relatie afhankelijk van de relatieve macht en belangen van de betrokken partijen. In deze tijd ontstond de monastieke hiërarchie in Tibet. Onder de Sakya's behielden de lokale heersers hun macht. Meestal waren ze nauw verbonden aan een klooster, dat ze steunden en waarvan de abt een lid was van hun familie. Met de val van de Yuan dynastie in 1369 verzwakte in China ook de macht van de Sakya-pa. Maar sommige lokale heersers versterkten hun positie. Er bestaan sindsdien geen vaste banden meer tussen Tibet en de Ming dynastie. Wel bezochten de Tibetaanse monniken en groot-lama's China en dreven er handel.

Op het einde van de veertiende eeuw stichtte de hervormer Tsong-kha-pa een al vlug machtige boeddhistische orde: de Gelugpa. De orde verwierf de steun van de lokale heersers van de Tsang-po vallei en van de Mongolen van het noorden. Na de dood van haar stichter, een incarnatie van Chenresig, werden zijn opvolgers gevonden via reïncarnatie. Deze wijze van opvolging maakte hen meer onafhankelijk van de oude adellijke families waaruit traditioneel de abten kwamen van de kloosters die onder hun bescherming stonden. Alhoewel de Gelugpa-reïncarnaties vaak gevonden werden onder de edelen, was het ambt van groot-lama nooit het monopolie van één familie, zodat de band van de Gelugpa-hiërarchie tot stand kwam met de adel als geheel en niet met één aparte clan. Het principe van de reïncarnatie heeft het voordeel dat de relaties manipuleerbaar zijn. Zoals toen de vierde Dalai Lama gevonden werd in de familie van Altan Khan, de heerser van de Mongolen. Later toen de heerschappij van de Dalai Lama gevestigd was, gebeurde de reïncarnatie altijd onder het volk, om te voorkomen dat de edelen te machtig werden.

De vijfde Dalai Lama, Lobsang Gyatso (1617-1682), was een sterke persoonlijkheid, die zijn macht op religieus en wereldlijk vlak uitbreidde en ze in zijn persoon verenigde. Deze Dalai Lama proclameerde zijn goddelijke oorsprong als incarnatie van Chenresig en kende aan de abt van het Tashilumpo-klooster in Shigatse, het recht toe te delen in zijn goddelijkheid met de titel: Panchen Rimpoche (Panchen Lama). Hij knoopte vriendschappelijke relaties aan met de opkomende Mantsjoe dynastie in China. Zelfs de Chinese keizer erkende het gezag van de Dalai Lama. De Gelugpa en de Mantsjoe werden ongeveer tegelijkertijd respectievelijk de heersers over Tibet en China. Het is zeker van belang te noteren dat de relaties tussen de twee landen zich vooral ontwikkelden op het diplomatieke vlak tussen de Gelugpa-abten en het Mantsjoe-hof. Eens toen de Mantsjoe stevig in het zadel zaten legde de Dalai Lama een staatsbezoek af aan Beijing. Wat de latere commentatoren er ook van gemaakt hebben, de keizer en de Dalai Lama beschouwden het gebeuren als een ontmoeting tussen gelijken. De keizer kwam de Dalai Lama tegemoet tot aan de landsgrens, ondanks de voorschriften van het protocol aan het Chinese hof, luidens welke dit ver beneden de waardigheid van de keizer was. Men moet er steeds aan denken dat de Chinese politieke theorie gelijke relaties met om het even welk ander land apriori uitsloot. Maar de Mantsjoe-vorst wenste de nog steeds vijandige Mongolen, die het Tibetaanse Boeddhisme zeer toegewijd waren, voor zich te winnen. De vijfde Dalai Lama voerde een aantal hervormingen door die de basis legde voor de verdere centralisatie van het gezag onder de latere Dalai Lama's. Hij wordt door Tibetanen beschouwd als de machtigste heerser sinds Songtsen Gampo. In 1663 liet hij een telling uitvoeren in alle kloosters van hun eigendommen en hun monniken. Het fiscale systeem werd vernieuwd, elk klooster kreeg een landgoed toegewezen om in zijn onderhoud te voorzien en de religieuze ceremonieën te bekostigen. De vijfde Dalai Lama begon met de bouw van de Potala en de monnikenambtenaren traden tijdens zijn regering op de voorgrond. De hervormingen van de vijfde Dalai Lama waren nog niet permanent. Verdere inmenging van de Mongolen en de voortdurende burgeroorlog verzwakten de centrale regering. Maar het streven naar centralisatie was nu definitief ingezet.

Na de dood van de vijfde Dalai Lama in 1682 nam de Chinese invloed in Tibet via een aantal intriges toe, tot de Chinezen door de verdrijving van Dzungarenlegers in 1717 vaste voet kregen in Tibet. De Chinese militaire tussenkomst en hun administratieve hervormingen gaven het land de structuur die het behield tot 1950. De regering bleef in handen van de Tibetanen, maar een aantal Dalai Lama's werden uit de

De Potala, het winterpaleis van de Dalai Lama en tot 1951 de zetel van de Tibetaanse regering. Het gebouw is één van de meesterwerken van de wereldarchitectuur.

weg geruimd en stierven jong. De Mantsjoe oefenden via hun twee permanente vertegenwoordigers, de ambans, controle uit op de regenten en Tibet werd formeel een vazalstaat van China. De Chinese hervormingen versterkten het gezag van de centrale regering ten nadele van de landadel. In 1792 zaten de Chinezen sterk in het zadel. De Chinese keizer Kangxi verving de soevereiniteit van de Mongoolse prinsen door een protectoraat van China. De provincie Kham werd toegevoegd aan de Chinese provincie Sichuan. De hervormingen van de administratie sinds 1792 versterkten eveneens de bureaucratisering van de adel doordat hun politieke functie gescheiden werd van hun landerijen, die beschouwd werden als salaris. De zeven standen van de Tibetaanse ambtenaren zijn dezelfde als de zeven hoogste van het Chinese systeem. De Chinezen stuurden erop aan dat de belangrijkste reïncarnaties uit het gewone volk kwamen en ze reduceerden de ambtstermijn van de ambtenaren drastisch. De Tibetanen vormden dus nauwelijks een gevaar voor de belangen van China in Centraal Azië. De Chinese heerschappij beperkte zich tot een formaliteit,niet alleen in binnenlandse zaken, maar ook in de relatie van Tibet met zijn buurlanden in de Himalaya. Op deze wijze werd de Tibetaanse onafhankelijkheid bewaard dankzij de Chinese bescherming maar zonder vrees voor Chinese tussenkomst. Alleen in tijden van crisis hadden de Chinezen belangstelling voor Tibet. De ambans beschouwden hun ambt als een verbanning naar een uithoek van het rijk op acht maanden reizen van de hoofdstad. De Gelugpa-orde controleerde het bestuur van het land vooral door middel van de kloosters van Ganden en Drepung. Hun conservatisme verzette zich tegen elke vernieuwing die hun macht en vooral de verworven privileges zou kunnen aantasten.

In de negentiende eeuw verzwakte de Chinese macht samen met het verval van de Qing dynastie. Na enkele mislukte pogingen van Groot-Brittannië om handel te drijven met Tibet slaagde de Younghusband-expeditie er in 1904 in handelsbetrekkingen en internationale relaties aan te knopen. De Younghusbandexpeditie was een gewapende Britse expeditie onder leiding van kolonel Younghusband, die naar Tibet werd gestuurd met een drievoudig doel. Ten eerste, directe onderhandelingen met de Dalai Lama beginnen, vervolgens de relaties tussen Tibet en Groot-Brittannië bespreken en tenslotte een Britse vertegenwoordiger in Lasa installeren. Tibet kwam zo in de Britse invloedssfeer en sindsdien was het de Tibetaanse en Britse politiek het land gesloten te houden. Tibet was immers sinds de negentiende eeuw het ‚Verboden Land’. Het sociale systeem dat zich in de negentiende eeuw gekristalliseerd had bleef, met uitzondering van het verwijderen van de ambans, bestaan tot aan de Chinese inval in 1950.

De Chinese revolutie van 1911 had tot gevolg dat Tibet feitelijke onafhankelijkheid verwierf. In Kham werd de val van de Qing gevolgd door een reeks conflicten tussen de Chinezen en de Tibetanen. Sindsdien is het de Chinese politiek om delen van het Tibetaanse grondgebied rechtstreeks onder Chinees gezag te brengen en ze in te lijven bij Chinese provincies. Reeds in 1912 verklaarde Sun Yat-sen dat Tibet een integraal deel was van China en als provincie behandeld moest worden. Het verlangen naar onafhankelijkheid bestond alleen in een kleine groep min of meer bewuste Tibetanen: lama’s, aristocraten en landheren. De meerderheid van de bevolking was niet geïnteresseerd in politiek maar de loyauteit tegenover de Dalai Lama was een sterk unificerende factor.

Aangezien noch Tibet, noch Groot-Brittannië wensten dat China of een ander land (Sovjetunie, Mongolië) de controle zou verwerven over Tibet, besloot men in 1914 tot de Simla-conferentie, waaraan Tibet, China en Groot-Brittannië deelnamen als onafhankelijke partijen. Tibet werd verdeeld in Binnen- en Buiten-Tibet. Buiten-Tibet het hedendaagse autonome gebied, bestond uit West- en Centraal-Tibet. De Dalai Lama zou er regeren onder soevereiniteit van China. Binnen-Tibet dat bestond uit Amdo en het oostelijk deel van Kham, werd een Chinese provincie. De Dalai Lama behield er slechts de controle over de kloosters. De Chinezen weigerden de overeenkomst te tekenen omdat hun territoriale aanspraken niet ingewilligd werden. Tibet, dat optrad als een feitelijk onafhankelijke staat, en Groot-Brittannië tekenden het verdrag wel. Samengevat kwamen de resultaten van de Simla-conferentie hierop neer: ten eerste won de Chinese regering niets door de conventie en bleef Tibet in de praktijk onafhankelijk; ten tweede kreeg de Britse regering de kans rechtstreeks met de Tibetaanse overheid in Lasa te onderhandelen. Alhoewel China het verdrag dus niet ondertekende, liet het de Britse regering later weten dat het de overeenkomst stilzwijgend zou goedkeuren, met uitzondering van de grenzen die betwistbaar bleven. Na Simla leunde Tibet dichter aan bij Groot-Brittannië en heroverde sommige gebieden in het oosten. In 1917 heroverden de Tibetanen Chamdo en verdreven ze de Chinezen tot de Boven-Yangtse. In 1918 tekenden Tibet en China in Kanze een wapenstilstandsverdrag.

Met de missie van Sir Charles Bell in 1920 deden de Britten een nieuwe poging een definitieve regeling te treffen tussen China en Tibet. Ook deze poging mislukte. Na Bell's bezoek deed de dertiende Dalai Lama, die een dynamische figuur was, een poging om Tibet met hulp van Groot-Brittannië te moderniseren. Hij voerde een reeks hervormingen door in de religieuze gemeenschap: verstrenging van de discipline, administratie van de kloosters door leken. Hij bestreed de corruptie in de administratie van het land, voerde een nationaal belastingstelsel in, schafte de doodstraf af en milderde de lijfstraffen. Jonge Tibetanen werden naar het buitenland gestuurd om te studeren. Het leger werd gereorganiseerd, beter uitgerust en getraind. Hij stootte echter op een hevige weerstand van de conservatieve monastieke bureaucratie die haar politieke en economische macht aangetast zag. Anderzijds was er de

Panchen Lama die zijn gezag over de Dalai Lama wenste te vestigen. Na een langdurig meningsverschil vertrok hij in 1913 in ballingschap naar China.

De Chinezen, sinds 1913 officieel uit Lasa verdreven, stuurden bij de dood van Tubten Gyatso, de dertiende Dalai Lama, een kleine delegatie naar Tibet om hun medeleven te betuigen bij het heengaan van de Dalai Lama.

In 1936 kwam er een kleine Britse missie naar Lasa om te bemiddelen tussen de Tibetaanse regering en de Panchen Lama, die sinds 1923 in ballingschap verbleef in Beijing. Deze poging mislukte eens te meer. Maar de missie bleef met toestemming van de Tibetaanse overheid in Lasa. De Tibetanen waren blij dat er een andere buitenlandse macht vertegenwoordigd was in Lasa, als tegenwicht voor de, zij het officieuze, Chinese aanwezigheid. De Chinezen bleven pogingen doen hun positie in Tibet te verstevigen en ze wilden de macht verwerven om de Tibetaanse zaken te controleren. Ze wilden in elk geval voorkomen dat de Tibetanen officiële relaties onderhielden met een andere natie dan China. Er was weliswaar sinds de zestiende eeuw ook een Nepalese afgevaardigde in Lasa, maar die hield zich vooral bezig met de Nepalese handelsbelangen en met de rechten van de Nepalese gemeenschap in Tibet en bemoeide zich weinig of niet met de buitenlandse politiek. De handelaars en de Tibetaanse edelen waren zich nu zeer goed bewust van de waarde van hun relaties met Groot-Brittannië en ze wilden ze niet in gevaar brengen. Temeer daar de grote kloosters, ondanks hun bedenkingen over vreemde culturen, de voordelen bemerkten die ze uit de handel met India konden puren. Deze handel was, behoudens enkele schommelingen, sinds 1913 steeds toegenomen. Met het uitbreken van de Tweede Wereldoorlog in 1939 ontstonden er mogelijkheden voor onwaarschijnlijk hoge winsten. De Indiase regering legde weliswaar bepaalde beperkende exportquota op voor katoen, kerosine, suiker en metalen, maar terzelfdertijd werden China en Groot-Brittannië geallieerden in de oorlog. Er begonnen besprekingen over het openen van een bevoorradingsroute van India over Tibet naar China. Maar de Tibetanen die, net als in de Eerste Wereldoorlog, gekozen hadden voor een neutrale positie, hielden voet bij stuk, ondanks de Britse dreigementen en de samentrekking van Chinese troepen aan de oostgrens met China, omdat de Tibetaanse autoriteiten geen toestemming wilden geven voor de bouw van een weg voor motorvoertuigen over hun grondgebied.

Het hele gebeuren was vooral van politieke aard, daar er in feite geen enkele infrastructuur bestond of op korte termijn kon worden aangelegd die het opzetten van zulk een bevoorradingsroute mogelijk zou maken. Tenslotte stonden de Tibetanen toe dat men, met uitzondering van oorlogsmateriaal, goederen uit India naar China vervoerde. De gemaakte winsten waren ongelooflijk hoog. De Tibetanen werden besmet door een soort ,goudkoorts'. Roofovervallen op handelskaravanen kwamen steeds frequenter voor, zelfs op de als zeer veilig bekendstaande Gyantse-route. De intense relaties met India brachten verschillende vernieuwingen naar Tibet. Glazen ramen, tot voor 1936 een zeldzaamheid, waren tegen 1944 vrij normaal in de huizen van de adel. Net als de brede betonnen trappen die de steile houten ladders van weleer vervingen. Het Britse ziekenhuis in Lasa was zeer druk bezet. Zowel monniken en lama's als het gewone volk maakten gebruik van de westerse diensten. Westerse medicijnen, vooral injecties, werden een echte prestige zaak.

Maar dit alles nam niet weg dat Tibet na de dood van de dertiende Dalai Lama in wezen in een waar immobilisme was vervallen. China probeerde wel zijn invloed terug te winnen maar de Tibetanen weerden dit voorlopig succesvol af. Tibet vestigde echter geen ambassades in het buitenland. Pas in 1942 richtte de regering een bureau voor buitenlandse betrekkingen op en deed pogingen relaties aan te knopen met andere landen. In 1946 zonden de Tibetanen een goodwill-missie naar China via India. Deze zending bereikte geen enkel tastbaar resultaat. In 1947 woonde een Tibetaanse delegatie de Conferentie voor Aziatische Betrekkingen in India bij als afgevaardigden van een onafhankelijke natie en gebruikten ze hun eigen vlag. Voor het eerst in zijn geschiedenis was Tibet als onafhankelijk land vertegenwoordigd op een internationale conferentie. Men kan dit beschouwen als een stap in de goede richting voor de Tibetaanse diplomatie. In 1947 deed de ex-regent met steun van het klooster Sera een greep naar de macht, maar de Tibetaanse regering arresteerde hem en strafte vele van zijn aanhangers uit Sera en Reting, anderen vluchtten naar China waar ze zich aansloten bij de volgelingen van de Panchen Lama. In 1947 werd de Britse missie, na de onafhankelijkheid van India, formeel Indiaas, maar ze bleef in Lasa. In die tijd stuurde men ook handelsmissies naar de Verenigde Staten, Groot-Brittannië, India en China. Deze missies hadden Tibetaanse paspoorten.

In 1949 vroeg de Tibetaanse regering de leden van de Chinese missie in Lasa het land te verlaten. De oprichting van de Volksrepubliek China had de situatie grondig veranderd. De Indiase missie bleef in Lasa. Ze wilden mee de noordgrens van Tibet in het oog houden en de regering helpen de autonomie van het land te vrijwaren. Het enige motief van de Indiase missie was immers dat Tibet als bufferstaat de noordgrens van het land zou blijven beveiligen. In de periode van 1947 tot 1950 werd Tibet zich bewust van de herhaalde Chinese pogingen invloed te verwerven en van het ontbreken van internationale belangstelling voor het Tibetaanse probleem. In 1949, vlak na de oprichting van de Volksrepubliek, verklaarde China dat het Tibet zou ‚bevrijden'. In 1950 zond Radio Beijing verscheidene programma's uit over de ‚bevrijding' van Tibet. Tibet vreesde met recht een militaire invasie. Er werd een begin gemaakt met de training van de Tibetaanse troepen, maar het was al heel laat. Tibet ondervond nu dat politieke steun van andere landen een absolute noodzaak was en dat een geïsoleerde natie zich niet kan verdedigen. Tibet had zo goed als geen ervaring in de diplomatie, maar probeerde nu met politieke missies naar enkele landen steun te verwerven. Maar deze missies kwamen bij gebrek aan visa nooit aan. Daarenboven bestond er in de internationale wereld geen belangstelling voor de Tibetaanse problematiek. De Sovjetunie steunde China, India wilde vriendschappelijke relaties onderhouden met de Volksrepubliek en was hoe dan ook militair te zwak om iets te betekenen. Groot-Brittannië had reeds enkele jaren voordien zijn belangstelling voor het gebied verloren. Op zeven november 1950 deed Tibet een beroep op de Verenigde Naties om hulp tegen de Chinese bedreiging. De republiek El Salvador bracht de vraag naar voor, maar het probleem kreeg geen aandacht en er zat voor Tibet niets anders op dan met een bang hart de toekomst af te wachten. Eind 1950 stonden de Chinese troepen klaar aan de oostgrens. De Chinezen wachtten de resultaten van de onderhandelingen niet af. Ze hadden de bedoeling een voorlopige regering in Tibet de installeren met de hulp van de Tibetaanse ballingen die de Dalai Lama vijandig gezind waren. De Tibetanen konden geen militaire weerstand van enige betekenis bieden.

HOOFDSTUK 2

GODSDIENSTIGE TRADITIES IN TIBET [1]

1. Het Tibetaanse volksgeloof

Het Tibetaanse volksgeloof heeft in de loop der tijden een grote invloed van Bön en Boeddhisme ondergaan. Toch was deze beïnvloeding slechts mogelijk doordat de inheemse religie en de nieuwe, gesystematiseerde godsdiensten ergens een zelfde mystieke inslag hadden. De volksgodsdienst heeft op zijn beurt dan ook het Bön geloof en het Boeddhisme sterk beïnvloed.

Het Boeddhisme heeft het geloof in lokale geesten, riviergoden, brongoden, boomgoden enz., niet verdrukt, integendeel, de oorspronkelijke goden kregen na de invoer van het Boeddhisme het recht om erbij te horen. In de Thang Yig lezen we de triomftocht van Padmasambhava, die het proces van opneming van de oorspronkelijke godheden in het boeddhistisch pantheon voltrok. Dit verhaal geeft een duidelijke beschrijving van lange reeksen heilige plaatsen van de pre-boeddhistische periode, en van bepaalde machten die daar grote verering genoten. Padmasambhava bewerkstelligde voor zijn intrede in Gyantse, de onderwerping van niet minder dan 13 goden, elk van hen wordt met naam vernoemd.

Onder diegenen die geïncorporeerd werden in het boeddhistische pantheon is ook ‚de witte godin van de hemel’ *(gtam-lha dKar-mo)*, die leeft in de nabijheid van de Mount Everest, samen met ‚de vijf zusters van het lang leven’ wier gedrag ambivalent is. Vele van de plaatsen waar de inheemse goden gelokaliseerd werden, hebben hun heilig karakter bewaard, zelfs tot op heden. Ook bleven ze hun namen van de pre-boeddhistische periode behouden.

---

[1] Graag wil ik Sabine De Jaegere bedanken voor haar medewerking aan het eerste deel van dit hoofdstuk.

In het Tibetaanse volksgeloof bestaat de relatie tussen gebeurtenissen en de mensen hoofdzakelijk uit twee aspecten: *,bkra shis'* en *,bkra mi shis'* dat respectievelijk ,gunstig' en ,ongunstig' betekent. Wanneer de mens begunstigd wordt door de natuur of haar slachtoffer is, heeft dit niets met toeval te maken. Het is eerder vrucht van zijn karma. Er zijn echter een aantal factoren buiten de mens die dat karma sterk kunnen beïnvloeden. Elke gebeurtenis is namelijk het resultaat van de tussenkomst van een bewuste wil of een bewuste kracht, die soms naar voren komt in een materiële en zichtbare vorm, maar die soms ook onpeilbaar is en onmogelijk te vatten. Vele van deze krachten zijn vijandig in elke omstandigheid, slecht van nature dus, maar de meeste gedragen zich dubbelzinnig en tonen een onstandvastig gedragspatroon. De wijze waarop ze zich gedragen, hangt af van het gedrag van de mensen tegenover hen. Ze zijn heel gevoelig, gemakkelijk kwaad te krijgen, voortdurend respect en verering afdwingend. In zekere zin hangen ze volledig af van de mens, ze moeten gevoed en aanbeden worden. Als de mens dit veronachtzaamt, kan hij zeker zijn van hun wraak. In het algemeen worden deze krachten verdeeld in twee groepen. De witte, die goed zijn en de zwarte, die slecht zijn. Het gevolg van de vijandelijkheid van de negatieve, slechte krachten (of ze nu in wezen slecht zijn of hun

De verering van mani-stenen, zoals die tot op heden nog gebeurd in Dharamsala.

slechtheid geprovoceerd wordt door kwade daden van de mens) is altijd schandelijk *(gdon)*. De mens kan zich tegen deze schadelijke gevolgen proberen te beschermen, door de bovennatuurlijke krachten gunstig te stemmen. Daartoe bestaan ontelbare rituelen. Een voorbeeld van deze rituelen is het beitelen van de heilige spreuk ,om mani padme hum'. Andere voorbeelden zijn het opnieuw decoreren van een tempel, het restaureren van een stupa, het herschilderen van heilige afbeeldingen, het vrij laten van dieren die bestemd waren om te slachten, en vooral het bij zichzelf (of door iemand anders die men betaald heeft) reciteren van bijzonder geschikte boeken en magische formules. Door deze te beoefenen, kan men twee doeleinden nastreven. Ten eerste het ijveren voor voorspoed, geluk, lang leven, gezondheid, rijkdom, maar daarnaast ook voor het uitbannen van alles wat in de weg staat van het geluk, zoals armoede, ziekte en vroege dood. Daar het beoefenen van al deze rituelen uitgevoerd of geleid wordt door een shaman, is deze van groot belang in het leven van de mensen. Hij kan in tijden van droogte, regen doen komen, hij kan hagelstormen afweren of juist aantrekken om wraak uit te oefenen, hij kan epidemieën onder mensen en dieren provoceren of doen stoppen enz.

Daar men kan proberen tegenslag te voorkomen, door kwade geesten gunstig te stemmen, bestaat het ganse Tibetaanse religieuze leven uit een constante inspanning, met of zonder hulp en of leiding van de shaman, om de demonen die gevreesd worden gunstig te stemmen. Deze krachten zijn namelijk overal. Op de rechterschouder zit bijvoorbeeld de god van de broer van de moeder, in de rechter elleboog de mangod. Deze wezens vertegenwoordigen de continuïteit van de familie, de voorouders die waken over het voortbestaan van het geslacht.

Dan zijn er nog de huis-demonen, die verbonden zijn met de verblijf-plaats van de Tibetanen. Deze plaats verschilt wel van andere plaatsen. Ze wordt namelijk beschouwd als de projectie van het universum op de aarde. Het huis wordt ervaren als een microcosmos, een veilige beschut-ting in tegenstelling met de buitenwereld, die vol zit met kwade krachten, die niets anders voor ogen hebben dan kwaad berokkenen *(lha)*. Naast de huis-demonen zijn er ook de huis-beschermgoden, die echter een ambivalent karakter hebben. Hun taak staat erin te beschermen, maar ze zijn heel licht geraakt en daarom moet men omzichtig met hen omgaan en heel wat regels respecteren.

Een belangrijke huisbeschermgod is de god van de haard. De haard is namelijk de centrale plaats van het huis, hij heeft een sacraal karakter omdat daar het vuur van de familie brandt. De haardgod verdraagt dan ook geen bevlekking. Als er toch iets dergelijks gebeurt, zoals het overkoken van melk, wordt de god woedend en worden de familieleden kwetsbaar en blootgesteld aan ziekte en kwaad.

Een ander belangrijk aspect in het Tibetaanse volksgeloof is ‚de ziel’ *(bla)*. De ziel is een soort dubbelleven van de persoon in kwestie. Als men er controle over kan krijgen, betekent dit dat men controle krijgt over de persoon zelf. Het is natuurlijk niet zo gemakkelijk te vernietigen als een echt, materieel lichaam, maar de ziel is toch te kwetsen, zij staat blootgesteld aan zorgen en miserie. Samen met de ziel is er de *srog*, dit is de vitale kracht, verantwoordelijk voor de levensduur. Het kan gedefinieerd worden als: ‚Het principe dat tegengesteld is aan de dood’. Als deze kracht verdwijnt, is men dood.

Alhoewel er in het Boeddhisme als doctrine geen plaats is voor een ziel, kon deze nieuwe religie in Tibet toch het oudere concept van de (pluraliteit van de) ziel niet onderdrukken. Dit concept was ook gebruikelijk onder de oude Chinese stammen en de stammen van noord-, centraal- en zuidwest-Azië. Zo huizen er in de bergen de zielen van bepaalde gemeenschappen, die berg is dan heilig voor die gemeenschap.

Als besluit kunnen we stellen dat het onmogelijk is een gebied af te bakenen waar de ‚volksgodsdienst’ eindigt en de gesystematiseerde religies beginnen. Eerder moeten we ‚volksgodsdienst’ interpreteren als de eigen houding en beleving van het volk van hun religieus gevoel. Deze eigen beleving van alles wat als ‚bovennatuurlijk’ en ‚bovenmenselijk’ beschouwd wordt, kent een abrupt einde bij de introductie van het Boeddhisme. Alleen aanvaarden de mensen een meer gesystematiseerde en gesofisticeerde wijze van geloven, echter binnen het kader van hun eigen interpretatie, die in de loop der tijden niet veranderde. Daarom ontstaat in Tibet deze totaal nieuwe vorm van Boeddhisme, die heel veraf staat van de oorspronkelijke vorm. Het is het samengaan van het oeroude Tibetaanse geloof met een grote complexiteit van invloeden van de religies van zijn omringende gebieden en van het Indiaas Boeddhisme.

In Tibet maakt de leek dagelijks gebruik van de drievoudige gelofte van het Boeddhisme, maar daarnaast vergeet hij nooit water te sprenkelen en wierook te branden voor de inheemse goden en demonen....

2. De vroegste verspreiding van Bön en de eerste diffusie van het Boeddhisme

Als we de draad van de geschiedenis terug opnemen, herinnert U zich dat de maatschappij in Tibet tussen de zevende en negende eeuw feodaal georganiseerd was. Rivaliserende clanhoofden leefden in versterkte burchten en elk van die leiders had een achterban van leenmannen en gewone volgelingen. De grootste concentratie van deze burchtsteden bevond zich in de valleien van de centrale en zuidelijke zijrivieren van de Tsang-po. Ten noorden van deze nederzettingen leefden nomaden van het ruwere type. Al deze Tibetanen hadden een geloof dat sterk beheerst werd door een wereld van goede en kwade geesten, demonen, heilige plaatsen en bergen. Op het einde van de zesde eeuw begint één van de lokale clanhoofden in de Yarlung vallei zich te manifesteren als een groot leider. Hij wordt een machtig koning en is de grondlegger van de Yarlung dynastie die Tibet één maakte.

In het westen van de jonge staat, die zich verder ontwikkelde in de Tsang-po vallei, lag een land dat Shang-Shung heette. Dit oude land stond toen waarschijnlijk al via bergpassen in contact met de Indiase streken Kulu en Jalandhar. Nog verder in het westen lag Kashmir toen één van de bakermatten van het Boeddhisme. In deze tijd hadden de Tibetanen echter nog geen direct contact met hun buren dat zou pas later komen met Koning Songtsen Gampo. Wel stonden de Tibetanen in contact met de Qiang stammen aan de noordwest grenzen van China, die binnen het bereik leefden van de Taklamakan handelsroutes. Deze routes verbonden China, niet alleen met India, maar ook met Perzië en zelfs met Byzantium. Het is uit deze streken dat de overtuiging kwam dat de koning een sacraal karakter had.

Rond deze koning ontstond een dodencultus, waarbij de priesters, die een belangrijke rol speelden, bön-po worden genoemd, wat betekent: hij die aanroept. Daarnaast waren er de Shen, de offeraars. Maar deze functie verdween geleidelijk terwijl Bön bleef bestaan doorheen de hele keizerlijke periode.

Bön is ook de naam waarmee Westerse en Tibetaanse geleerden later de godsdienst aanduidden, die via het contact met Shang-Shung Centraal-Tibet binnenkwam. Na de verovering van het land door koning Songtsen Gampo, stond heel Tibet open voor deze nieuwe invloeden en kwamen ze in contact met hun buurlanden via de handelsroutes.

Twee sober geklede bön-po. De bön priesters worden soms de Etrusken van Azië genoemd.

Koning Songtsen Gampo (609-649 n. Chr.) wordt algemeen beschouwd als de eerste van de drie grote boeddhistische koningen in Tibet.

Nu is het wel zo dat hij het Boeddhisme, dat tijdens zijn regering hier en daar bekend werd, niet heeft tegengewerkt en zelfs wat gestimuleerd heeft, daar zal het feit dat hij een Chinese boeddhistische echtgenote had wel een grote rol in gespeeld hebben. Deze Chinese prinses, Wen Zheng uit de Tang dynastie, bracht een afbeelding van de Boeddha mee naar Lasa. Deze afbeelding wordt Jobo Rinpoche, de Dierbare Heer, genoemd. Het is het heiligste beeld van Tibet en wordt nog altijd bewaard in de Jokhang—de kathedraal van Lasa—die koning Songtsen Gampo in de 7de eeuw ervoor liet bouwen. Dit wordt bevestigd door verscheidene oude inscripties. Zijn aandeel in het propageren van de boeddhistische doctrine wordt sterk overgewaardeerd, vooral in de latere boeddhistische bronnen, die het Boeddhisme in Tibet een zo rijk mogelijk verleden en zo oud mogelijke oorsprong wilden aanmeten. Het belangrijkste wat Songtsen Gampo voor het Boeddhisme heeft gedaan, was het doen samenstellen van een geschreven alfabet voor het Tibetaans. Tijdens zijn regering bleef het Boeddhisme min of meer beperkt tot het hof en de priesters of monniken waren meestal Indiërs of Chinezen. Zelf

21

nam hij een nogal dubbelzinnige houding aan ten opzichte van het Boeddhisme. Enerzijds liet hij boeddhistische tempels bouwen en nodigde hij monniken en geleerden uit, maar anderzijds bleef hij zelf het oude geloof en de riten van zijn niet-boeddhistische voorouders aanhangen. Zijn begrafenis werd volledig volgens de Bön-rituelen uitgevoerd, alhoewel dit door alle latere bronnen ontkend wordt.

De directe opvolgers van Songtsen Gampo toonden geen groot enthousiasme voor het Boeddhisme.

Onmiddellijk na de regering van Tride Tugtsen zou het Boeddhisme streng vervolgd geworden zijn. Bij zijn dood was zijn zoon Trisong Detsen nog minderjarig, zodoende werd het land bestuurd door ministers. De onderdrukking die later werd toegeschreven aan deze ministers was waarschijnlijk geen echte fysieke vervolging van boeddhisten, maar een spontane afkeer van Tibetanen en niet-boeddhistische priesters tegen de vreemde religie die nu niet meer kon beschermd worden door het hof.

Toen Trisong Detsen (740-794 n. Chr.) echter meerderjarig werd en begon te regeren, werd voor het Boeddhisme de weg vrijgemaakt. Door zijn grote interesse in de nieuwe religie maakte deze tijdens zijn regering zowel spiritueel als materieel een grote vooruitgang. Zijn grootste bijdrage was de bouw van de tempel en het klooster van Samye in 779 n. Chr., waar voor het eerst Tibetanen als monnik konden worden opgeleid.

In deze tijd werd Santarakshita uitgenodigd naar Tibet te komen. Santarakshita vertegenwoordigde het academische monastieke Boeddhisme, maar zag zelf in dat deze vorm niet zo geschikt was om op grote schaal in Tibet verspreid te worden. Daarom liet hij Padmasambhava komen, die zeer onderlegd was in magie en mystiek, wat ongetwijfeld geschikter was dan de strenge gedisciplineerde religie, om ingang te vinden in de geest van de Tibetanen.

Door de stimulans die koning Trisong Detsen aan het Boeddhisme gaf, groeide de interesse voor de nieuwe religie meer en meer. Men begon alle Chinese en Indiase boeddhistische geschriften die men kon te pakken krijgen te vertalen in het Tibetaans. De ongelooflijke aangroei in interesse voor het Boeddhisme culmineerde in het debat van Samye, dat in 792 gehouden werd, om uit te maken welke richting van het Boeddhisme voortaan in Tibet zou gevolgd worden: de Indiase of de Chinese vorm. De Chinese vorm werd verdedigd door een monnik van de Hoshangschool. Hij benadrukte de absolute natuur van het boeddhaschap dat plots en direct moet en kan gerealiseerd worden door om het even welke volgeling die zichzelf in een toestand van totale rust kan brengen. Zodoende zijn conventionele moraal en intellectuele toewijding helemaal niet relevant en in sommige gevallen zelfs schadelijk, als ze de pure contemplatie over de leegte van alle concepten in de weg staat.

De Indiase zijde werd vertegenwoordigd door Kamalasila, die de conventionele Mahāyānaleer, gecombineerd met de theorie van de trapsgewijze evolutie naar het boeddhaschap van ‚de boeddha in wording', de bodhisattva voorstond. Volgens deze leer was het absoluut noodzakelijk grote hoeveelheden kennis en verdiensten gedurende ontelbare eeuwen te verzamelen om uiteindelijk het boeddhaschap te bereiken. Tijdens de levens die daaraan voorafgaan, moet men als bodhisattva de anderen helpen op hun weg naar het boeddhaschap. Dit was de doctrine die door zijn intellectuele en morele training de stabiliteit van het boeddhistische kloosterwezen in India verzekerd had. Het was dan ook deze vorm die de bovenhand haalde in Samye.

Deze overwinning mag ons echter niet misleiden; tenslotte waren de Chinezen helemaal niet de enigen die de zuivere contemplatie van de absolute waarheid verkondigden. Deze leer werd ook door heel wat Indiase leraren aangehangen. We kunnen eigenlijk niet spreken van de Chinese visie versus de Indiase. Het waren eerder twee verschillende vormen van het Boeddhisme die tegenover mekaar kwamen te staan, die zowel in China als in India leefden. Daarbij speelden ook andere motieven dan religieuze een rol in de toekenning van de overwinning aan India. Op dat moment was Tibet namelijk openlijk in oorlog met China. En daarbij was er nog altijd de eeuwigdurende machtsstrijd tussen de verschillende aristocratische families. Men kan stellen dat er twee grote groepen tegenover elkaar stonden. Enerzijds was er de conservatieve groep, onder de leiding van de d'Ba familie, de families van de grensgebieden, waaruit de echtgenotes van de koningen meestal gekozen werden en die dus matrilineair met de koninklijke familie verbonden waren. Deze families waren meestal reeds voor ze naar Lasa kwamen in contact geweest met China en het Boeddhisme en waren bijgevolg voorstander van nauwe betrekkingen met China. Toen echter in het Samye debat de uitspraak formeel tegen China gevallen was, voelden velen van de conservatieve families zich niet langer bedreigd door hun Chinees ge-

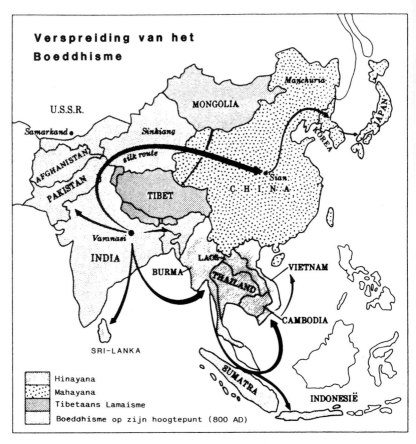

Verspreiding van het Boeddhisme

Hinayana
Mahayana
Tibetaans Lamaisme
Boeddhisme op zijn hoogtepunt (800 AD)

Het Boeddhisme dat ontstond in noord-west India verspreidde zich eerst naar China en vandaar naar Japan en Korea. Tegelijkertijd verspreidde het zich ook naar het zuiden. Pas op zijn hoogtepunt rond 800 vond het ingang in Tibet.

zinde rivalen en begonnen in het Boeddhisme van Santarakshita een politiek wapen te zien. Sommigen onder hen begonnen zo fanatiek het Boeddhisme aan te hangen, dat ze het pas gestichte klooster binnentraden. Later tijdens de regering van Ral-pa-can (815-838 n. Chr.) werden sommigen van deze monniken tot minister gekozen en kregen op deze manier grote macht. De bedreigde d'Ba familie verenigde zich en, met de verdediging van de oude Bön als motto, vermoordde zij in 838 de eerste minister en niet lang daarna ook de koning zelf. Zijn broer Langdarma, die in de Tibetaanse geschiedenis als boeddhistenvervolger bekend staat, volgde hem op, maar werd 842 op zijn beurt vermoord. Terwijl aan het hof het Boeddhisme verkondigd werd door hooggeplaatste filosofen, die slechts volgelingen hadden in de rijke, ontwikkelde bovenlaag van de bevolking, zocht het Boeddhisme van Padmasambhava, de wonderdoener, zich een weg onder het volk. Door hem en zijn geestesgenoten werd de Tibetaanse volksgeest verzoend met het Boeddhisme en de basis gelegd voor verdere ontwikkelingen.

Als bij de dood van Langdarma het Tibetaanse rijk in vele delen uiteenvalt, zijn twee vormen van Boeddhisme in Tibet aanwezig; de intellectuele monastieke vorm, vooral bekend aan het hof en in aristocratische kringen en de magisch- rituele vorm, die sterk aanleunt bij de inheemse religie. Deze twee verschillende richtingen van het Boeddhisme zullen tekenend blijven voor de gehele Tibetaanse geschiedenis.

Terzelfdertijd kwamen na de verovering van West-Tibet door koning Songtsen Detsan. Nieuwe rituelen en ceremoniën, die sterk geïnspireerd waren door het Indiaas Tantrisme, kwamen Centraal-Tibet binnen.

Deze nieuwe rituelen dienden zich niet aan als een geheel, maar werden door afzonderlijke missionarissen — die in niet veel verschilden van de plaatselijke priesters in Centraal-Tibet, beiden worden trouwens Bön genoemd — meegebracht en samen met de bestaande rituelen uitgevoerd. Het bestaande lokale volksgeloof in Centraal-Tibet werd dus wel beïnvloed en misschien enigszins geheroriënteerd, maar van echte buitenlandse vernieuwingen was er eigenlijk geen sprake. Het is pas later dat de priesters, gesteund door bepaalde families van de aristocratie, dit complex geheel van rituelen en ceremoniën zullen doen beschouwen als één religie, een volwaardige gesystematiseerde doctrine.

Hiermee komen we aan één van de meest ingewikkelde gegevens van de Tibetaanse geschiedenis.

Ten eerste was er in Tibet voor de komst van het Boeddhisme geen gesystematiseerde religie van het gehele volk. Elk gebied, dorp, clan en zelfs familie had een eigen godenpatrimonium, natuurgoden, huisgoden, geesten, demonen enz. voor wie ceremoniën moesten opgedragen worden. De priesters die deze rituelen en ceremoniën leidden, genoten een hoog aanzien bij de bevolking. Sommigen die van hoge afkomst waren, hadden voor de éénmaking van Tibet samen met hun families grote macht in de kleine vorstendommen. Toen het Boeddhisme Tibet officieel werd binnengebracht, eerst door de Chinese echtgenote van Songtsen Gampo, later ook via monniken die naar het hof werden uitgenodigd door de koning, werden zij bang hun bestaande macht, invloed en privileges te verliezen. Ze keerden zich dan ook unaniem tegen het Boeddhisme.

Met de toenmalige bestaande volksreligie konden zij echter onmogelijk tegen het Boeddhisme opkomen, daar er geen gestructureerde doctrine bestond, waardoor de volksreligie had kunnen naar voren komen als één blok tegenover het Boeddhisme. Daarom begonnen zij alles wat zij maar konden van de boeddhisten over te nemen en in een ‚Bön' kleedje te steken. Zo noemden zij hun godsdienst vanaf het moment dat zij die gaan systematiseren en uitbouwen, met van het Boeddhisme ‚geleende' elementen. Ondertussen groeide zoals eerder vermeld sinds het ontstaan van het Tibetaanse schrift, binnen het Boeddhisme, dat vooral aan het hof floreerde, de behoefte om Indiase en Chinese filosofische boeddhistische teksten in het Tibetaans te vertalen. Dit was een troef voor de boeddhisten, daar hun religie door het op schrift stellen van de religieuze teksten, nog officiëler, meer gestructureerd en dus machtiger werd.

Als ze de boeddhisten wilden overtroeven, moesten de bön-po daar iets tegenover stellen; ze begonnen de mythen en de genesisverhalen, oorspronkelijk afkomstig van Shang-Shung, te benadrukken en uit te bouwen.

Ondertussen was Padmasambhava, die de meer magisch rituele aspecten van het Boeddhisme bekend maakte en verspreidde, in Tibet aangekomen. De bön-po konden toen nog gemakkelijker alle soorten elementen overnemen, daar deze vorm van Boeddhisme dichter bij hun religie lag dan het Boeddhisme dat aan het hof verspreid werd. Beide religies hadden namelijk heel wat gemeen.

Zo is het te verklaren dat sommige Bön en vroeg-boeddhistische ceremoniën vrijwel identiek zijn. Niet alleen dankzij de verregaande vermenging van Bön en Boeddhisme, maar ook doordat zij beide vormen zijn van het Tantrisch-Boeddhisme uit India. Hun traditionele vijandschap steunt dan ook slechts op een gebrek aan kennis omtrent hun oorsprong.

Bön-po geloven dat hun doctrine afkomstig is van het westen. De stichter van de religie zou vanuit sTag-gzigs, een land dat slechts vaag als Perzië of als Iraanssprekende wereld kan aangeduid worden, naar Tibet gekomen zijn om de bön leer te verkondigen. De stichter van de bön religie heet gShen rab en hij neemt in de bön literatuur dezelfde plaats in als Sakyamuni in de boeddhistische literatuur. Hij is de Alwetende Overwinnaar, de Allerhoogste Goddelijke. Zijn biografie is een duidelijke parallel met die van Sakyamuni. Toch bevat ze heel wat autentieke Tibetaanse elementen die een vroeg cultureel contract suggereren met de streken ten westen van Tibet.

3. Verval en restauratie van het Boeddhisme

Bij het uiteenvallen van het Tibetaanse rijk in 842 n. Chr. vluchtten verschillende leidende families naar de grensgebieden in Oost- en West-Tibet. Daar stichtten ze kleine koninkrijkjes met het Boeddhisme als officiële religie.

In Centraal-Tibet bleef er van het officiële monastieke Boeddhisme niets meer over. Onder Langdarma werd de boeddhistische gemeenschap volledig uit elkaar gedreven. De grond en de eigendommen van de kloosters werden geconfisceerd. De rijke families die in Centraal-Tibet bleven wonen en die het Boeddhisme altijd gesteund hadden, waren volledig uitgeput en verpauperd en zodoende niet meer in staat het Boeddhisme te beschermen.

Dat betekent niet dat het Boeddhisme verdween in Centraal-Tibet. De langzame penetratie ervan in Tibet omvatte immers heel wat meer dan enkel het vertalen van teksten en het bouwen van tempels. Terwijl dit proces een tijd werd stopgezet, ging het niet-officiële Boeddhisme ondergronds verder met het proces van overnemen van oude Tibetaanse rituelen. De chaotische tijden die volgden op de dood van Langdarma vormden ongetwijfeld een uitstekende voedingsbodem voor religieuze improvisaties. Het vermengen van het Boeddhisme met niet-boeddhistische elementen was in deze periode nog gemakkelijker, daar de boeddhistische priesters onder het volk nog leefden en vrij waren van elke binding met de doctrine. Er was immers geen centrale leiding meer. Dit had tot gevolg dat de interpretatie van de boeddhistische leer erg varieerde en totaal verschilde van streek tot streek, zelfs van clan tot clan.

Op het einde van de 10de eeuw begonnen sommige Tibetaanse priesters en monniken vanuit het oosten en het westen terug te keren naar hun oude boeddhistische centra rond Lasa. De leidende families hadden zich in de voorbijgaande eeuw hersteld van hun achteruitgang en begonnen opnieuw het Boeddhisme te steunen. Er ontstonden religieuze centra, die wel klein waren, maar toch functioneerden. Toen het duidelijk werd op hoeveel verschillende manieren het Boeddhisme ondergronds geëvolueerd was, begonnen de koningen van West-Tibet Indiase leraren uit te nodigen, in een poging om het Boeddhisme terug één te maken. Meer en meer Indiase geleerden kwamen terug naar Tibet; de reïntroductie van het Boeddhisme was begonnen.

De koningen wensten vooral de invloed van de vrijere interpretatie van de tantrische theorieën, die bij de Tibetanen duidelijk voorrang genoten, in te dijken. De Tantra's waren namelijk voorzien van onbeperkt materieel dat zich leende tot het uitvoeren van kleurrijke, fantasievolle riten en magische praktijken van allerlei aard. Soms ging men bij het letterlijk interpreteren van de Tantra's wel heel ver. Zo stond er bijvoorbeeld in de Tantra's dat iedereen in staat was een geestestoestand te bereiken waarin men permanent verheven was boven goed en kwaad. Bedoeld wordt hier dat men uitsteekt boven elke vorm van dualiteit, die slechts een illusie is. Sommige subversieve boeddhistische geestelijken begrepen deze tekst letterlijk en trokken de conclusie dat iedereen die de doctrine volgde, verheven was boven elke zonde of kwaad, aangezien de tegenstelling goed-kwaad voor de volgelingen niet meer van kracht was. Dit leidde tot het opheffen van het taboe van de vijf ,makara', de vijf ,ma' genoemd: vlees, plant met hallucinerende eigenschappen, alkoholische drank, vis, seksuele eenheid. Deze ,ma's' werden letterlijk gevolgd en niet esoterisch overwonnen, zoals het in de Indiase tantrische scholen bedoeld was.

Verder werden de goden aanbeden met offers van sperma, bloed en uitwerpselen. Vele Tibetanen vonden dergelijke zaken heel wat aantrekkelijker en nuttiger dan de harde disciplinaire benadering van het monastieke Boeddhisme.

Atisa werd door een bezorgd hof ter hulp geroepen om deze mentaliteit te helpen veranderen. In 1042 n.Chr. kwam deze Indiase leermeester, na herhaaldelijk aandringen in Guge aan. Hij was in die tijd één van de meest vereerde meesters van India.

In India hadden boeddhistische geleerden de waarde van vergevorderde zwervende yogi's reeds ingezien. Vooral in Bihar stond het

Boeddhisme sterk onder invloed van het Hindoeïsme, zodat een tantrische tendens meer en meer gangbaar werd in het Boeddhisme, dit betekent dat vooral rituelen en sacramenten heel belangrijk geworden waren. De ‚Uiteindelijke Waarheid' werd beschouwd als een mysterie, eerder verborgen dan geopenbaard door de teksten, de Tantra's, die dat mysterie poogden te beschrijven. Dit mysterie kon maar onthuld worden door het levenslang intens mediteren onder leiding van een bekwame leermeester, die zelf het inzicht in de waarheid bezat en die deze kennis slechts doorgaf aan zijn leerlingen op het tijdstip dat deze er rijp voor werden geacht.

Deze pan-Indiase tantrische tendenzen waren het Indiase georganiseerde Boeddhisme al binnen geslopen, lang voor boeddhistische geleerden er rekening begonnen mee te houden. De effecten die geoefende yogameesters echter bereikten op hun weg naar de verlichting, overtuigden de intellectuele boeddhistische monniken en zij schreven naast hun commentaren op de sutra's, ook commentaren op de tantra's.

Atisa was een monnik die geschoold was in het tantrisme, hij stond helemaal niet boven het uitvoeren van magische rituelen bij bepaalde gelegenheden. Het zou dan ook niet correct zijn hem slechts als een hervormer van gedesoriënteerde tantrische praktijken te beschouwen, alhoewel hij met deze bedoeling werd uitgenodigd. Hij bracht echter de Indiase boeddhistische opvattingen over het tantrisme mee. Doordat hij bekend stond als een integer, bekwaam persoon met heel wat zelfdiscipline, die uitermate gerespecteerd werd aan het hof, maar tevens ook een grote aanhang kende onder het volk, was hij in staat de nood aan een meer georganiseerde leidende religie te verenigen met het meer tantrisch geïnspireerd geloof van het volk. Hij legde sterk de nadruk op de zelfdiscipline die nodig was bij het beoefenen van de juiste tantrische methode en op de noodzaak hiervoor een bekwame guru, leraar, te vinden. Hij bracht een zekere ordening in de wildgroei van tantrische theorie in Tibet. Vanaf de tijd van Atisa werd het duidelijk dat het tantisme ook beoefend kon worden door monniken binnen de kloostermuren en niet alleen door zwervende yogi's.

Een andere figuur die een belangrijke rol speelde in de heropleving van het Boeddhisme in Tibet, was Rinchen Tsangpo (958-1055).

Hij werd door de koning van Guge naar Kashmir gezonden om boeddhistische onderrichtingen te bestuderen. Na zijn terugkeer, werkte hij op twee verschillende terreinen. Hij stichtte een groot aantal kapellen in de streken die onder het bevel stonden van de koningen van Guge en in de aangrenzende gebieden. De teksten die Rinchen Tsangpo vertaalde, vertegenwoordigen vooral de conventionele monastieke leer met zijn vaste regels en principes.

Brogmi (992-1072) en Marpa (1012-96), belangrijke boeddhistische meesters uit Centraal-Tibet, vertaalden teksten die van een heel andere aard waren. Zij brachten hun teksten mee uit Bihar en Nepal, waar ze gestudeerd en gemediteerd hadden onder leiding van Indiase guru's.

Het meest typische religieuze monument in het Tibetaanse landschap dat reeds vanaf de zevende eeuw voorkomt is de boeddhistische ,cenotaaf' (stūpa in het Sanskrit en chorten in het Tibetaans). Deze chortens herbergden oorspronkelijk relieken van de Sakyamuni en waren als zodanig grafmonumenten. Later werd het een boeddhistisch symbool,

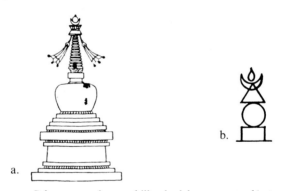

a. Schema van de verschillende delen van een chorten.
b. De symboliek van een chorten in de kosmologie van het Lamaïsme.

zoals het kruis voor het Christendom. De heilige overblijfselen rusten in de koepel, die steunt op een platvorm van vijf trappen die de vijf elementen, aarde, water, vuur, lucht en ruimte voorstellen. Dit geheel steunt op een versierde basis. De chortens waren bekroond met een zonneschijf die rustte in een halve maan, helemaal bovenaan hadden ze een kleine cirkelvormige versiering waarin de zon, het symbool van de wijsheid en de maan, het symbool van het medelijden, opgingen in een moment van verlichting.

30

De top van een chorten.

In begin van de dertiende eeuw waren er reeds zeven belangrijke centra van religieus leven in Tibet. Ze waren meestal gelegen in rustige vruchtbare valleien, vlak bij de graslanden van de nomaden en de drukke karavaanroutes. Deze kloosters hadden verschillende bijhuizen verspreid over heel Tibet. Er is geen essentieel verschil tussen de doctrines van al deze verschillende ordes. Het belangrijkste onderscheid ligt in de traditionele gehechtheid aan de verschillende leraren en beschermgoden. De veronderstelling dat reeds vanaf het begin een kleine minderheid van de monniken geïnteresseerd waren in de hogere waarheden is waarschijnijk juist. Er waren andere monniken die meer gericht waren op het academisch werk, het vertalen, uitgeven en copiëren van manuscripten. De monniken waren ook betrokken bij de tempelceremonies, het

31

ritueel, de zang en de muziek. De naam en faam van de kloosters groeide zeer snel en hun rijkdom nam in gelijke mate toe.

In de dertiende, veertiende eeuw, tijdens de Mongoolse overheersing nam de kloosterdiscipline toe. Het monnikenleven was een aaneenschakeling van stille meditatie, gebed, ceremoniën en riten. Vlees en wijn waren verboden in de kloosters en vrouwen mochten het terrein niet betreden. De meerderheid van de monniken leidde een leven van kalme sereniteit, maar er waren er ook die tot een extreem ascetisme overhelden en bijvoorbeeld naakt in sneeuw en ijs leefden. Ondanks de beginnende tekenen van degeneratie, maakten de Tibetaanse monniken een grote indruk op Mongoolse overheersers in China en dit bleef niet zonder politieke gevolgen.

Deze periode was ook belangrijk voor de compilatie van de boeddhistische canon. Nu het vertaalwerk grotendeels achter de rug was en verdere vertalingen onmogelijk geworden waren, daar het Boeddhisme uit India verdreven was, kwam de tijd voor systematisatie. De grote Tibetaanse geleerde Buston (1290-1364) mag in dit verband zeker niet vergeten worden. Hij maakte een heel belangrijke grote compilatie van Indiase boeddhistische teksten.

Ook de bön-priesters verzamelden oud legendarisch en ritueel materiaal. Ze werden door de boeddhisten niet principieel veroordeeld, het was zelfs zo dat men erkende dat sommige bönpo-priesters de techniek beheersten die het hun mogelijk maakte om het boeddhaschap in één leven te realiseren. Van de andere kant werden de aanhangers van Bön vaak verantwoordelijk gesteld voor de moeilijkheden die het Boeddhisme in zijn beginperiode in Tibet kende. Maar al bij al bestond er tussen Boeddhisme en Bön geen principiële tegenstelling. Bön had zijn eigen doctrine en praktijken, die naast het Boeddhisme bleven bestaan. Ook werden veel boeddhistische begrippen vertaald in bön terminologie en werd van de andere kant het boeddhistisch pantheon uitgebreid met bön goden. Tot de twaalfde eeuw speelde Bön een belangrijke rol in het Tibetaanse religieuze leven en maakten de riten deel uit van het dagelijkse leven in het dorp en bij de nomaden. Maar in de veertiende eeuw was Bön al in belangrijke mate geïntegreerd in het Boeddhisme. In deze vroege periode kwamen veel boeddhistische monniken uit families met een bön achtergrond, wat het proces van integratie vergemakkelijkte en versnelde. In de veertiende eeuw leefden Bön en Boeddhisme vreedzaam naast en met elkaar.

In de vijftiende eeuw predikte Tsongkapa een nieuwe religieuze school, die niet gebaseerd was op contacten met India en Nepal. Het Tibetaans Boeddhisme dat met de komst van de Indiase meester Padmasambhava een enorme vlucht had genomen, was in de loop der eeuwen steeds meer zijn eigen weg gegaan, van de oorspronkelijke tuchtregels en wijsgerige teksten was niet veel meer overgebleven.

Een hervorming kon dan ook niet uitblijven. Tsongkapa had een gigantische kennis van de verschillende stromingen van de boeddhistische wijsbegeerte en tevens verdiepte hij zich in de logica en de Tibetaanse geneeskunde. Hij schreef ook vele filosofische en theologische verhandelingen. Zijn belangrijkste streven was de orde en tucht, die lange tijd ver te zoeken waren geweest in de kloosters, te herstellen. De monniken moesten celibatair leven en mochten geen alcoholische dranken drinken. In 1409 stelde Tsongkapa het zogenaamde Monlamfeest in, om de komst van toekomstige Boeddha Maitreya te bespoedigen. Dit feest werd in Lasa voor de Jokhang gehouden en is nog altijd een jaarlijks terugkerend feest dat iedere vierde dag van de eerste Tibetaanse maand plaatsvond, bijgewoond door een grote menigte.

De strenge regels in aanmerking genomen is het niet verwonderlijk dat de sekte de naam Gelugpa kreeg, wat ‚deugdzaam' betekent. Er werden verschillende kloosters gesticht : Ganden (rozentuin) in 1409, Drepung (rijsthoop) in 1410 en Sera (hagel) in 1419. Deze kloosters liggen alle drie in de buurt van Lasa.

In 1438 werd de neef van Tsongkapa, Gedun Truppa, de nieuwe leider van de Gelugpa-sekte. Hij verspreidde het hiërarchische Gelugpa-systeem. Volgens een voorspelling zouden er eindeloos incarnaties geboren worden uit Gedun Truppa. Deze gedachte kan beschouwd worden als de basis van het reïncarnatiesysteem van de Gelugpa-school. Volgens deze leer zou de bodhisattva Avalokiteshvara (Chenresig) herboren worden in een eindeloze reeks monniken. Deze reeks van abten van het klooster Ganden werd de later zo bekende serie Dalai Lama's, een titel die pas door de Mongolen verleend werd.

De derde abt uit deze reeks werd in 1578 door de Mongoolse heerser

Altan Khan op het hof uigenodigd. Sonam Gyatso (1543-1588), kreeg van de Mongoolse heerser de titel van Dalai Lama. Deze titel werd achteraf eveneens toegekend aan zijn twee voorgangers. Het Mongoolse woord Dalai staat voor het Tibetaanse Gyatso en betekent oceaan, terwijl met een lama een leer werd bedoeld (letterlijk : de superieure) ; zodat de titel Dalai Lama vertaald kan worden met ,Oceaan leraar' d.w.z. een leraar die zoveel wijsheid bezit als een oceaan water. Vanaf toen werd elke leider van de Gelugpa-school Dalai Lama genoemd en werd deze na zijn dood opgevolgd door een nieuwe incarnatie van Avalokiteshvara.

Het ontdekken van een nieuwe incarnatie is een heel ingewikkeld proces. Na de dood van een Dalai Lama wordt er in het hele land

De veertiende Dalai Lama was nog maar een kleine jongen van zeven maar toch moest hij al officiële plichten vervullen.

gezocht naar een kind dat alle kenmerken van een incarnatie vertoont en aan de gestelde voorwaarden voldoet. Nadat het kind ontdekt is krijgt het een zware opleiding. De Dalai Lama was behalve geestelijk leider ook de politieke leider van het land. De vijfde Dalai Lama, Ngawang Lozan Gyatso (1617-1685), ook kortweg ‚de grote vijfde' genoemd, was de grootste leider, die Tibet sinds koning Trisong Detsen in de achtste eeuw, gekend had. Hij was het die een aanvang maakte met de bouw van het Potala paleis. Behalve een groot staatsman was de vijfde Dalai Lama ook een eminent geleerde, die talloze werken schreef. Zijn dood bracht problemen mee voor de Tibetaanse staatszaken, het was immers nauwelijks mogelijk een waardig opvolger voor hem te vinden. De zesde Dalai Lama was een zwakke persoonlijkheid, die zich veel meer met literatuur en poëzie bezighield dan met religieuze of staatszaken.

In de zeventiende eeuw beschouwden de Tibetanen zich als het enige volk dat het ware Boeddhisme beleed en ze waren niet meer geïnteresseerd in vreemde religies en filosofieën. Alhoewel ze deze wel in hun midden toelieten, zolang ze zich niet opdrongen. Toch hadden de christelijke missionarissen ‚die sinds de zeventiende eeuw pogingen deden Tibet te bekeren, geen succes, en werden ze in 1745 definitief verdreven. In het begin van de achttiende eeuw vestigde zich een groep Armeniërs in Lasa. Verder vestigde er zich een kleine groep moslims, die veelal slagers en handelaren waren. Deze vreemdelingen hadden weinig invloed op de Tibetaanse samenleving en religie, die sinds de vijfde Dalai Lama beheerst werden door de grote Gelugpa kloosters.

De negende, de tiende, de elfde en de twaalfde Dalai Lama stierven jong maar het land werd intussen geregeerd door de regenten en monastieke bureaucratie. Lasa, het centrum van de macht werd overschaduwd door de drie grote Gelugpakloosters, Ganden, Drepung en Sera. Drepung was met zijn 1500 monniken al ten tijde van de vijfde Dalai Lama het grootste klooster van het land.

In de twintigse eeuw was Drepung met zijn meer dan 8000 monniken wellicht het grootste klooster ter wereld.

Toch mogen we niet vergeten dat de macht van deze drie ‚groten' in feite beperkt bleef tot de streek van Lasa, omwille van de moeilijke communicatie.

Er waren een aantal middelgrote kloosters die zo'n 1500 monniken telden en een massa kleine met 50 tot 200 monniken. Deze waren verspreid over het hele land. Voor hun onderhoud waren ze afhankelijk van de familie van hun leden.

De Gelugpa waren niet alleen verantwoordelijk voor de terugkeer naar een strengere discipline en de scholastieke traditie. Ze zijn ook de grondleggers van de monastieke hiërarchie. Omwille van de enorme ontwikkeling die sinds Tsongkapa heeft plaats gevonden, was het niet langer mogelijk dat de meerderheid van de monniken geleerden waren. De novicen kwamen uit alle lagen van de samenleving en hadden verschillende mogelijkheden. De gigantische kloosters van 5000 tot 8000 leden vereisten evenveel administratie als een stad. Behalve per uitzondering, zoals bij de oogst, werkten de monniken niet op het land, wel hielden ze toezicht op de pachtboeren en op de nomaden die bij het klooster hoorden. Terwijl anderen verantwoordelijk waren voor de handel. De monniken waren dus niet afgesneden van de wereld, ze probeerden deze integendeel te beheersen. Terwijl de grote prelaten hun invloed uitoefenden in de regering, zou een minder belangrijke monnik bijvoorbeeld een restaurant kunnen uitbaten.

Men werd heel makkelijk aangenomen als novice, daar dit op eenvoudige aanvraag gebeurde. De novice werd dan toegewezen aan een oudere monnik om hem te helpen. Daar men reeds op vijfjarige leeftijd of jonger naar het klooster ging was het gezelschap waarin een kind terechtkwam van het grootste belang voor zijn toekomst. Want in elk klooster waren er geleerden en gewone monniken. De eerste waren gedisciplineerd en beschaafd de laatste eerder ruw en primitief. In de grote kloosters rond Lasa was er ook nog een groep lekebroeders, die een soort politiefunctie hadden en dop-dop genoemd werden. Er is niet zoveel over deze dop-dop bekend maar ze speelden zeker een belangrijke rol, zowel in het religieuze als in lekenzaken.

De gebeurtenissen in het begin van de twintigste eeuw hadden geen invloed op het religieuze leven in de kloosters in Tibet. Sinds de tijd van de vijfde Dalai Lama schreven de Gelugpa geleerden commentaren, vooral over hun favoriete onderwerp, logica en toonden ze op enkele uitzonderingen na zo goed als geen belangstelling voor de geschiedenis.

Deze twee dansers brachten een komisch element in het lange ritueel van de Chamdans. Ze stellen de Indische pandits voor die het Boeddhisme naar Tibet brachten.

Een kenmerk van het Tibetaanse religieuze leven dat vaak beschreven wordt door reizigers is een door hen ten onrechte genoemde ‚duivelsdans’, het rituele mysterie-drama ‚Cham’. Het is een plechtige opvoering door professionele monniken-dansers, die de rol van de verschillende goden spelen. De spelers dragen kostumes en angstaanjagende maskers, meestal die van de beschermers van de doctrine. De Tibetanen geloven dat deze vorm van godsdienstige dans afkomstig is uit India. In elk geval is het een Tibetaans type, complexer en meer verspreid en heeft het een eigen ontwikkeling gekend in antwoord op de lokale behoeften en interessen. De belangrijkste functie van Cham is een fysieke manifestatie van de beschermgoden te realiseren. Deze goden worden tijdens de voorbereidende ceremoniën die twee tot drie dagen kunnen duren opgeroepen. De handelingen van de uitgebeelde goden in de rituele dans zijn bedoeld om duivels uit te drijven. In de meeste kloosters is er een jaarlijkse opvoering van deze rite van de ‚vernieuwing’. Op het grote nieuwjaarsfestival in Lasa staat het bekend als ‚het grote gebed’.

Behalve de Cham is er nog een grote waaier van rituele dansen die in verschillende kloosters bij verschillende gelegenheden worden opgevoerd.

Rituele dansen zijn onafscheidelijk van het Lamaïsme.

Monniken en leken leefden in nauwe associatie, het religieuze vormde het overheersende element in het leven van de Tibetanen en werd gesymboliseerd door de Dalai Lama, de priester-koning. Tot het midden van de twintigste eeuw is deze eenheid kenmerkend gebleven voor de Tibetaanse samenleving.

HOOFDSTUK 3

TOT 1950: BESTUUR EN SOCIAAL-ECONOMISCHE STRUCTUUR

1. *De bestuursstructuur van Tibet*

Alhoewel de politieke grenzen in Tibet vrij vaag waren, vooral in het oosten, kan men zeggen dat het gebied onder controle van Lasa naast Centraal-Tibet ook de westelijke provincie Na-ri, een deel van Kham, de noordelijke weidegronden, Chang Thang en de provincies die grensden aan Bhutan en Assam omvatte. Sommige van deze gebieden hadden een semi-onafhankelijke status. Zo was de provincie Tsang in principe toegewezen aan de Panchen Lama. Op religieus vlak was hij de gelijke (zelfs de meerdere) van de Dalai Lama, maar op wereldlijk vlak was hij zijn ondergeschikte. Na de vlucht van de Panchen Lama naar China in 1923 kwam Tsang terug onder directe controle van Lasa. In Oost-Tibet waren er lokale heersers die voor zekere aspecten van het bestuur min of meer onafhankelijk waren (erfelijke troonopvolging, rechtspraak, belastingen). Enkele voorbeelden waren Ba-Thang, Derge en Hor. De invloed van Lasa reikte wegens het religieuze prestige van de Dalai Lama ver over de politieke grenzen. Hij oefende als hoofd van de Gelugpa-orde controle uit overal waar er kloosters van deze orde waren. Daarbij was hij de opvolger van de heersers over de eens grote Tibetaanse natie en kon daardoor in zekere mate aanspraak maken op de soevereiniteit over alle Tibetaanse gebieden. Aanspraken die de Tibetaanse regering liet gelden op de Simla-conferentie.

De primauteit van de taak van de Dalai Lama als incarnatie van Chenresig en hoofd van de Gelugpa-orde, lag bij het religieuze element. De belangrijkste opdracht van de Dalai Lama was de verspreiding van het Boeddhisme en daaruit voortvloeiend het geluk van alle zielen na te streven. De priester-koning was de absolute heerser van de centrale regering, leider van zowel de religieuzen als van de leken. Het is deze dichotomie die de administratie van het land kenmerkte.

Een regent *(desi)* regeerde zolang de Dalai Lama minderjarig was en in afwachting van het ontdekken van de nieuwe Dalai Lama na het overlijden van zijn voorganger. De regent werd door de nationale vergadering *(tshogs-'du)* gekozen uit de zogenaamde koninklijke incarnaties *(rygal-po-sprul-sku)*. Onder de dertiende Dalai Lama was er gedurende zekere tijd een soort premier, de silon, die als tussenpersoon optrad tussen de regering *(ka-shags)* en de Dalai Lama. Hij gaf commentaar bij de adviezen van het kabinet zonder echter aan de besprekingen deel te nemen. Het hoogste bestuurlijke orgaan direct onder het gezag van de Dalai Lama was de kashag, bestaande uit één priestermonnik en drie leken, benoemd door de Dalai Lama. De ministers *(sap-pes)* waren gezamenlijk verantwoordelijk voor het centrale bestuur. De regering was bevoegd voor binnenlandse zaken, financiën en justitie. Elk van de shappes beheerde meerdere portefeuilles van de administratie die ingedeeld was in departementen: justitie, landbouw, begroting, leger, politie enzovoort. Zij brachten verslag uit bij de Dalai Lama en legden hem hun advies voor. Het departement van buitenlandse zaken was in handen van de Dalai Lama zelf. De kashag stelde ambtenaren aan. In principe op basis van examens, maar in feite speelden afkomst, corruptie en intrige een grote rol.

Onder het kabinet stonden de twee hoofdtakken van het bestuur: het groot-secretariaat *(yig-tshang)*, bevoegd voor het religieuze domein en het bureau voor financiën *(rtsis-kang)*, bevoegd voor het lekendomein. In het totaal waren er 350 ambtenaren belast met het centraal bestuur. De helft van hen was monnik, de andere helft leek. Het groot-secretariaat werd geleid door 4 monniken. Het hield dossiers bij met betrekking tot de kloosters, de monniken, de kerkelijke hiërarchie en eigendommen. Het had ook de verantwoordelijkheid voor de opleiding van de monniken. Het bureau voor financiën stond onder leiding van 4 leken-secretarissen. Het bureau had bevoegdheid over de gronden van de staat en hield dossiers bij van de lekenambtenaren. Naast deze twee bureaus bestonden er nog andere lagere bureaus bemand door leken- en monnikenambtenaren, maar de ministers, de groot-secretarissen en financiële ambtenaren waren de sleutelfiguren van de administratie. De ministers werden de ,vier buitenste steunpilaren' genoemd. De 4 grootsecretarissen en de 4 financiële ambtenaren de ‚Acht binnenste steunpilaren', namelijk als steun voor de structuur van de regering. In bijzondere gevallen kon het kabinet een nationale vergadering bijeenroepen voor het bespreken van problemen van nationaal belang. Alle ambtenaren tot de vierde rang, de abten en schatbewaarders van de belangrijkste kloosters uit de buurt van Lasa en de invloedrijkste grootgrondbezitters namen er aan deel. Volgens Burman mochten ook de vertegenwoordigers van de ambachten deelnemen aan sommige nationale vergaderingen. Deze ambtenaren tot de vierde rang zijn: de Dalai Lama, de regent (als er één is), de ministers (zijn enkel passief aanwezig), de 4 grootsecretarissen, de 4 financiële ambtenaren, de hoofdschatbewaarder en sommige provinciegouverneurs. De samenstelling verschilde naargelang de aard van het te behandelen probleem. Voor het bespreken van courante aangelegenheden bestond er een beperkt permanent bureau van een twintigtal personen, waaronder de 8 hoofdambtenaren en de vertegenwoordigers van de 3 grote kloosters bij Lasa. De aanbevelingen van de nationale vergadering werden overgemaakt aan de kashag, die ze ter goedkeuring voorlegde aan de Dalai Lama. Men zou bijgevolg kunnen spreken over een vorm van semi-democratie. Maar de nationale vergadering had geen wetgevende macht en de invloed op het beleid was beperkt.

Het lokale bestuursapparaat bestond uit 53 districten, elk onder het gezag van twee ambtenaren, een leek en een monnik. Sommige districten waren van groter belang zodat hun gouverneur een hogere rang had dan zijn collega in een gewoon district. Deze vertegenwoordigers van het centraal gezag hadden een uitvoerende en een rechterlijke functie in het hun toegewezen district. Ze inden de belastingen, stonden in voor de irrigatiewerken, kwamen tussen bij hongersnood en als de veiligheid bedreigd werd en ze spraken recht. Politie werd als openbare macht nooit opgericht, pogingen daartoe door de dertiende Dalai Lama bleven zonder gevolg. Het salaris van de provinciegouverneurs was zeer laag, hun inkomen steunde hoofdzakelijk op steekpenningen en de opbrengst van de hun toegewezen staatsgronden. Onder de gouverneur stonden de dorpsoudsten. Zij waren verantwoordelijk voor, het innen van de belastingen in natura en het overdragen ervan aan de districtsgouverneur, voor de karweien (bijvoorbeeld het transport van regeringsambtenaren) en spraken recht in kleine geschillen. Zij hadden geen officieel gezag, hun

41

invloed was een gevolg van hun verkiezing door de dorpsgemeenschap op basis van hun bekwaamheid. Zij ontvingen geen salaris, wel giften van hun dorpsgenoten.

Onder de dertiende Dalai Lama was er met hulp van Groot-Brittannië een staand leger van zo'n 8000 man opgericht. Dit leger kon in tijden van nood worden aangevuld met dienstplichtigen van 18 tot 40 jaar. Zowel leken als monniken konden deel uitmaken van deze troepen. Deze laatsten werden voor de duur van de militaire dienst ontslagen van bepaalde geloften.

Tibet kende geen officieel algemeen onderwijs. Opleiding was, behalve voor incarnaties die automatisch in een bekend klooster studeerden, een individueel probleem. Er werd praktisch alleen les gegeven in kloosters op basis van de geloofsleer. De veertiende Dalai Lama probeerde het lekenonderwijs uit te breiden door het systeem van landelijke lekenscholen, waarmee de dertiende Dalai Lama begonnen was, verder te ontwikkelen. de kloosterscholen beperkten zich echter niet tot godsdienstonderricht. Ook algemeen vormende vakken zoals wetenschappen, wiskunde astronomie, geneeskunde, logica, filosofie, kunst en literatuur werden er onderwezen. Dus ook leken konden er hun gading vinden.

De beroepsopleiding was een familieaangelegenheid van vader op zoon.

De ambtenarenopleiding voor het centraal bestuur behoorde tot de verantwoordelijkheid van de betreffende besturen. In opdracht van de regering werden sinds 1947 zowel monniken als leken naar het buitenland gestuurd voor het hoger onderwijs.

2. *De sociale structuur in Tibet voor 1950*

De Tibetaanse samenleving kon onderverdeeld worden in een lekengemeenschap en een monnikengemeenschap. De dualiteit van deze sociale structuur werd gekenmerkt door een permanente interactie tussen beide segmenten. De monniken kwamen tussen in het bestuur van het land en de aristocratie speelde een rol in de kloosters.

Kenmerkend voor Tibet was ook de feodaliteit van het oosters type. Carasco situeert de Tibetaanse feodaliteit in het kader van de eenvoudige oosterse samenleving volgens de theorie van Wittfogel, ook Burman deelt deze mening. Volgens deze auteurs zit het onderscheid tussen het

Tibetaanse en het Europese feodale systeem in het feit dat in Tibet de grond wordt toegekend als salaris voor de ambtenaren van de absolute heerser in ruil voor onvoorwaardelijke gehoorzaamheid. De regerende klasse was ook op economisch vlak dominant. Het overwegend agrarisch karakter van de economie had voor gevolg dat grondbezit ook politieke macht betekende. De staat, gepersonifieerd in de Dalai Lama, was eigenaar van alle gronden en van de opbrengst ervan. De adel en de kloosters, die grote gedelegeerde macht hadden, verzamelden de opbrengst van de boeren, om die (gedeeltelijk) verder te sturen naar Lasa. Het inkomen van de leidende klasse was een deel van de staatsinkomsten die hen toegekend werden.

De gronden die de Dalai Lama of zijn afgevaardigde toekenden, vertegenwoordigden slechts een relatief eigendomsrecht, eerder dan een gebruiksrecht. Er was geen vrije transfer van de grond mogelijk. De overdracht gebeurde hoofdzakelijk door erfenis. Verdeling van de grond was niet mogelijk. De familiale organisatie paste zich aan aan deze vorm van erfenis-recht. Als er meerdere zonen waren, was polyandrie of intrede in een klooster een oplossing. Ook polygamie kwam omwille van deze reden voor. Het verlenen van grond ging gepaard met het opleggen van verplichtingen: het leveren van geld, goederen en diensten *(khral)* of arbeid aan degene die de grond in ‚eigendom’ heeft. De regeringsinkomsten bestonden slechts voor 1/12 uit geld, de rest bestond uit goederen en diensten. De adel en de kloosters verdeelden de aan hen toegekende gronden op dezelfde wijze onder de boeren, om ze te laten bewerken. Er ontstonden sociale verhoudingen die hieraan beantwoorden.

De grond kan ingedeeld worden volgens verschillende criteria met betrekking tot eigendom en opbrengst. De grond wordt in ‚eigendom’ toegewezen aan landbouwersfamilies in ruil voor belastingen en arbeid, aan de adel of aan de kloosters, die hun domein lieten bewerken door dienstpersoneel, gebonden aan de grond, in ruil voor een ambt en aan de staat. De output van de grond gaat rechtstreeks naar de staat of naar een begunstigde adellijke familie of klooster.

a. *De heersende klasse*

P. Carasco deelt de heersende klasse in in drie groepen: de territoriale heersers, de bureaucratische adel en de monniken-ambtenaren.

De territoriale heersers (adel en monniken) oefenden politieke controle uit over en spraken recht in het hun toegewezen gebied. Hun inkomen kwam uit de grond. De positie werd overgedragen via erfenis of incarnatie (in het geval van monniken).

De bureaucratische adel stond weliswaar in dienst van de overheid in Lasa, maar in hun domein waren ze de plaatselijke overheid. Ze ontvingen van hun onderdanen een vergoeding voor hun dienst als ambtenaar, want het salaris van de staat was laag. Het salaris van een minister bedroeg 250 pond per jaar, dat van de premier 80 pond en dat van de schatbewaarder 20 pond. Het domein was erfelijk overdraagbaar, maar de ambten waren tijdelijke benoemingen. De politieke organisatie waarvan de ambtenaar deel uit maakte, was een bureaucratie die formele training en selectie vereiste, frequente verandering van functie, hiërarchie, promotie en specialisatie.

De monniken-ambtenaren kwamen vaak uit het gewone volk. Ze kregen een speciale opleiding en vervulden functies zoals de lekenambtenaren. Aan hun ambt was geen landgoed maar wel een salaris verbonden. Alleen ministers en districtsgouverneurs kregen voor de duur van hun mandaat een stuk grond en een deel van de opbrengst als salaris.

In Tibet was er geen klasse van privé-eigenaren van grond die niet politiek geëngageerd waren, er waren geen ambtenaren die op economisch gebied geen geprivilegeerde positie hadden. Er was in Tibet geen scheiding tussen economische en politieke macht: de heersende klasse controleerde land en macht. Deze vorm van collectief beheer van de staat komt tot uiting in de absolute macht van de Dalai Lama. De absolute macht van de Dalai Lama is dan een fictie van de Tibetaanse politieke theorie. De heersende klasse, die de domeinen bezat en deelde in de inkomsten van de staat, beheerde collectief het land. De voorrang van de klasse op het individu en van de samenleving op de heersende klasse werden gepersonifieerd in de Dalai Lama, de absolute heerser over allen en de eigenaar van alle land.

b. *De structuur van de lekenmaatschappij*

De Tibetaanse samenleving kende streng gescheiden bevolkingslagen, de sociale mobiliteit was klein. De adel vormde de hogere klasse. Daarnaast had men boeren, handelaars en marginale groepen. Een middenstand was er blijkbaar niet.

De adel *(sku-drag)* bestond uit families waarin een Dalai Lama geïncarneerd was, families die afstamden van de vroegere koningen en families die bijzondere diensten bewezen hadden. De families waarin een Dalai Lama incarneerde waren dikwijls gewone mensen. Ze werden tot de adel verheven en namen daarbij een nieuwe naam aan. In de regel huwde de adel onder mekaar. Om de splitsing van het erfgoed te voorkomen kwamen polygamie en polyandrie voor. Het familielandgoed was de belangrijkste bron van inkomsten. Sommige edelen hadden werkplaatsen waar tapijten en dekens werden gemaakt, anderen waren handelaars.

Alhoewel veel adellijke families rijk waren, hadden ze ook dikwijls schulden. Grootse begrafenisplechtigheden en andere religieuze ceremoniën kostten massa's geld. Het geloof in een betere incarnatie dwong hen tot grote giften aan kloosters. De agrarische bevolking vormt de grootste groep en omvat 5/6 van de bevolking.

De boeren waren onderverdeeld in twee klassen. Enerzijds waren er de belastingbetalers *(khral-pa)*, die de gronden van de adel, de kloosters en de staat bewerkten en in ruil daarvoor belastingen moesten betalen en diensten moesten verrichten. De belastingbetalende boeren werden nog eens onderverdeeld in regeringsbelastingbetalers en privé-belastingbetalers. Ze hadden relatief grote boerderijen die hun economisch onafhankelijk maakten. Anderzijds waren er de afhankelijke boeren *(dudchung)*, pachters en huurarbeiders, die grond huurden van de khralpa. Twee vormen van pacht:

—land vergoed door het leveren van manuele arbeid in verhouding tot de oppervlakte.

—land vergoed door een vaste hoeveelheid graan in verhouding tot de oppervlakte.

In het laatste decennium voor 1950 kwam er ook pachtgeld voor. Zij hadden slechts kleine lapjes grond in eigen beheer en betaalden geen belastingen. Wel moesten ze voor een vastbepaalde periode op het land van de verhuurder werken en diensten voor hem verrichten.

De herders hoedden hun kudden op de hen toegewezen weiden. Ze bleven binnen afgebakende gebieden en volgden voorgeschreven routes. Zij hoedden hun eigen kudden of die van de regering, de adel of de kloosters tegen vergoeding. Voor de eigen kudden werd een belasting betaald voor het grazen en een andere in verhouding tot de grootte van de veestapel. Deze belastingen konden in natura worden voldaan. Alle geledingen van de Tibetaanse samenleving zijn betrokken bij de handel: de regering, de kloosters, de ambtenaren, de monniken en de boeren. De regering had het monopolie in de thee-, wol- en rijsthandel. Deze beide aspecten hadden tot gevolg dat er in Tibet geen belangrijke middenstand is ontstaan. Het aantal gewone handelaars was beperkt en had een lage sociale status. Slechts enkelen verwierven rijkdom en aanzien. De kleinhandel werd gedreven door boeren en herders. Hij bestond vooral uit ruil van agrarische produkten.

Ook de sociale status van de ambachtslui was laag. Vooral ambachten die verband hielden met het doden van dieren (leerlooiers, vissers, smeden,...) waren van geen tel en vormden een gesloten klasse. Op de laagste trede van de sociale ladder stonden de bedelaars en zij die de lijken naar de daarvoor bestemde plaatsen moesten brengen om hen aan de gieren te voeren.

c. *De structuur van de monnikenmaatschappij*

De monniken namen een heel belangrijke plaats in in de Tibetaanse wereld vanwege hun religieuze, politieke, economische en sociale rol. Ze worden vaak de goddelijke, de aan god gewijde *(chasde)* klasse genoemd. De monnik die zijn leven wijdde aan de Boeddha stond boven de leek, die hem moest onderhouden en beschermen. De monnikengemeenschap *(sanghe- dge- 'dun)* was grotendeels onproduktief en slorpte een groot deel van het nationaal inkomen op. Monniken waren vrijgesteld van belastingen, ze waren enkel onderworpen aan het gezag van hun orde en konden daar tot het hoogste niveau opklimmen. Ook kwantitatief vormden de monniken een belangrijke groep. Volgens schattingen waren er op het einde van de negentiende eeuw 2500 kioosters met ongeveer 760 000 monniken. In tegenstelling hiermee vermeldt Blanc in 1960 nog 106 000 monniken. Ze vertegenwoordigen 1/3 van de mannelijke bevolking en 1/5 van de totale bevolking. Sommige kloosterorden hadden ook nonnenkloosters. Hun aantal en invloed was in verhouding tot die van de monniken gering. Dit grote aantal religieuzen werd niet alleen verklaard door de religiositeit van de Tibetanen, maar ook door het erfenisrecht dat vele jongens beroofde van een toekomst in de lekenmaatsschappij, terwijl het klooster in principe een kans op sociale promotie bood.

De Tibetaanse monniken zijn ingedeeld volgens de gebruikelijke boeddhistische graden. Na de kandidaat komt de novice, die na zijn studie monnik *(dge- slong)* wordt. Lama *(blama)* is een woord dat in het Westen vaak verkeerd begrepen is. Het is geen gewone monnik, maar een trülku, dit is een bovennatuurlijk lichaam en vandaar de incarnatie van een lama. Mannen van alle klassen werden toegelaten, maar rijke kandidaten hadden meer kans op promotie. De meesten bleven heel hun leven novicen, die ambachten uitoefenden en tijdelijk of definitief naar de boerderij terugkeerden. De topfuncties werden meestal ingenomen door (adellijke) incarnaties van abten en lagere goden of grote leraars.

De klasseverschillen van de lekenmaatsschappij vond men ook terug in de religieuze gemeenschap. Ook de kloosters kenden een hiërarchie. De grootsten hadden een eigen onafhankelijk bestuur en afdelingen verspreid over heel het land. De kloosters hadden een eigen bureaucratie, die bestond uit speciaal opgeleide monniken. Sommigen werden na promotie en selectie toegelaten tot de hoogste beleidsfuncties van het land.

3. *Economie*

De basiseconomie van Tibet steunde op graan — en veeteelt. Ze vertoonde een gelijkenis met de economie van de oude beschavingen van het Midden-Oosten. De afwijkingen die voorkwamen zijn te verklaren door de hoogteligging van het land. Er was niet alleen een grote overeenkomst in de gewassen en het vee, maar ook in de coëxistentie in eenzelfde gebied van groepen die nadruk legden op de landbouw of veeteelt. Tibet contrasteert op dit vlak met de rijstcultuur in Zuid- en Oost-Azië en met de veeteelt-economie in Mongolië. De basiseconomie kan ook gezien worden als een vorm van gemengde alpijnse landbouw.

De belangrijkste landbouwteelt was die van gerst in verschillende variëteiten, die kunnen groeien tot op een hoogte van 4200 meter. Ze vormden het hoofdbestanddeel van de Tibetaanse voeding. Boekweit en tarwe kwamen op de tweede plaats. Ze kunnen slechts tot 3300 meter geteeld worden, zodat alleen de lager gelegen valleien in aanmerking komen. Andere gewassen zoals erwten, radijzen, rapen, mostaard worden geteeld waar het mogelijk is. In de lage zuidelijke dalen komen perziken, abrikozen, peren en walnoten voor. De landbouwwerktuigen waren zeer eenvoudig. De grond werd bijgevolg dan ook slechts opper-

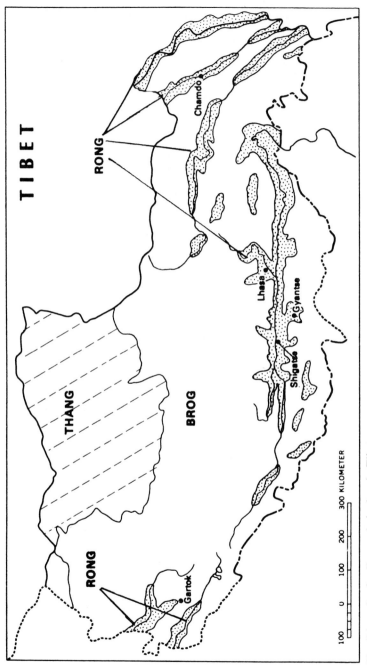

Traditioneel gebruik van de bodem in Tibet.
Rong: landbouw.
Brog: extensieve landbouw en nomaden met hun kudden.
Thang: zeldzame nomaden met kudden.

Het traditionele ploegen gebeurde met een houten ploeg en een span ossen.

vlakkig bewerkt. De harde vorst die de grond deed barsten en verpulveren was een welkome aanvulling.

De hoge bergen verhinderen dat de zomermoesson Tibet bereikt. Irrigatie, bemesting en teeltrotatie houden de beste gronden continu in produktie. Irrigatie werd, gezien het geaccidenteerde terrein, slechts op beperkte schaal toegepast. Bemesting bestond uit dierlijke en menselijke faeces, rivierslijk (West-Tibet), vis (langs de Tsang-po) en verbrand gras (Amdo). Teeltrotatie omvatte achtereenvolgens: gerst, erwten en tarwe. Op de berghellingen deed men aan terrasbouw. De opbrenst van de grond is variabel, er zijn weinig precieze gegevens bekend. Als vee hielden de Tibetanen runderen, yaks en schapen. De dieren werden gebruikt als trek- en lastdier. Hun vlees, melk, huiden, wol en yakstaarten waren zeer welkom. De gedroogde dung (yakmest) werd als brandstof gebruikt. Varkens kwamen weinig voor. Paarden en muilezels werden net als yak als rij- en lastdier gebruikt.

De industrie beperkte zich tot enkele werkplaatsen beheerd door de regering of de adel, waar dekens en tapijten op ambachtelijke wijze vervaardigd werden. De arbeiders waren boeren die zo hun dienst vervulden ten opzichte van de eigenaar van hun grond. Er was een kleine electriciteitscentrale in Lasa en een drukkerij voor bankbiljetten.

Een karavaandrijver op zijn yak uitgerust met een zadeldeken van schapehuid.

Mijnbouw was praktisch onbestaande, ondermeer wegens de moeilijkheden van het terrein maar ook omwille van religieuze motieven — men mocht de aardgeesten niet verstoren. De goudmijnen van Na-ri werden per periode van drie jaar door de regering verpacht. Ook hier werden boeren ingezet die op deze manier moesten voldoen aan de verplichte diensten. Andere mineralen en ertsen waren koper, ijzer, steenkool en zilver. Er was nog geen geologisch onderzoek gedaan en de geografische en klimatologiosche omstandigheden, evenals de stand van de techniek en de communicatiemogelijkheden vormden een onoverkomelijk probleem.

De courante verbruiksgoederen werden door ambachtslui vervaardigd of ingevoerd. Kleding, schoenen, landbouwgereedschap, huishoudgerief, drukblokken, kaas, boter,... produceerde men zelf. Zout, lampolie, gereedschap, goudbrokaat, katoen werden uit India geïmporteerd en zijde, thee en brokaat uit China. De export bestond uit wol, yakstaarten, muskus, huiden en pelsen, borax en kruiden. De handel werd zeer sterk gehinderd door het ontbreken van wegen en door de geografische en klimatologische omstandigheden.

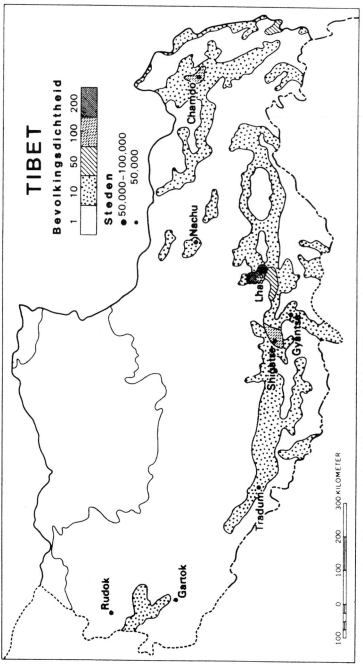

Overzicht van de bevolkingsdichtheid in Tibet en de ligging van de belangrijkste steden.

51

HOOFDSTUK 4

DE CHINESE INVASIE

1. *Wat voorafging*

Tibet heeft een diepgaande invloed ondergaan van China en India. Het Boeddhisme, dat de Tibetaanse samenleving beheerst, kwam uit India. De Chinese invloed is op politiek vlak van belang geweest.

In het begin van de achttiende eeuw maakte een Chinese militaire interventie een einde aan de Mongoolse invloed en aan de interne strijd. De Chinezen oefenden onrechtstreeks het gezag uit via hun vertegenwoordigers, de ambans. Ze voerden administratieve hervormingen door die het bestuur centraliseerden en bureaucratiseerden. De macht van de landadel verzwakte. ,De jure' werd Tibet een onderdeel van het Chinese rijk, quasi-onafhankelijk op binnenlands vlak, maar onderworpen aan de Chinese soevereiniteit en op diplomatiek vlak vertegenwoordigd door China.

Na de val van de Mantsjoes in 1911 verklaarde Tibet zichzelf onafhankelijk en kwam in de invloedssfeer van Groot-Brittannië. De poging van de burgerlijke republiek om terug invloed te verwerven mislukte, ondermeer dankzij de krachtige persoonlijkheid van dertiende Dalai Lama. De ,de facto' onafhankelijkheid bleef bewaard. Maar omwille van het gesloten karakter van de Tibetaanse samenleving was de belangstelling voor internationale betrekkingen gering en kwam het niet tot een formele erkenning van de onafhankelijkheid van de Tibetaanse staat. In juli 1949 verbrak Tibet zijn diplomatieke betrekkingen met nationalistisch China in de hoop zo niet betrokken te worden in de strijd tussen de nationalisten en de communisten. Maar de nieuwe Volksrepubliek vormde een ernstige bedreiging voor Tibet.

2. *Motieven voor de Chinese inval*

Als men naar de redenen van de Chinese inval in Tibet zoekt, blijkt

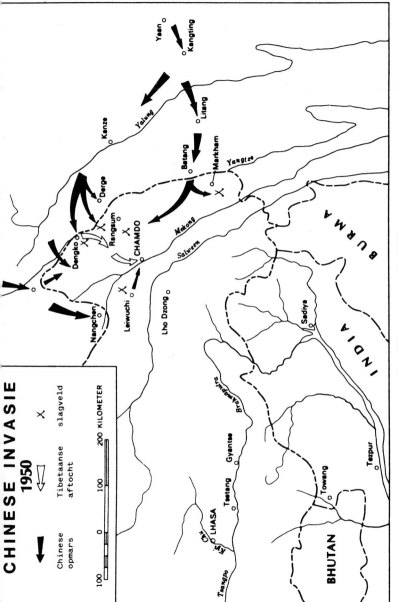

De Chinese opmars in 1950.

dat argumenten als de ‚bevrijding' van Tibet van de imperialisten geen steek houden. Er waren op het ogenblik van de inval vijf Europeanen in Tibet. Ook de kreet ‚terugkeer naar het moederland' klinkt niet overtuigend. De Tibetanen verschillen in ras, taal, religie en cultuur volkomen van de Chinezen.

De strategische ligging van het gebied is in feite één van de belangrijkste motieven voor de bezetting. Het is een uitstekend uitgangspunt voor bedreiging en/of inpalming van India. De grenzen met de Sovjetunie en India zijn belangrijk voor de verdediging.

Ook economisch is Tibet potentieel belangrijk voor China. Akkeren weidegronden zijn (hoopte men) een bron van voedsel en de ertsen en mineralen zijn van groot belang voor de Chinese grondstoffenvoorziening.

Tenslotte kan het Tibetaanse plateau dienen om de druk van het overbevolkte Oost-China te verlichten. Vlak na de oprichting van de Volksrepubliek China, begon in oktober 1949 de campagne voor de ‚bevrijding van Tibet van de buitenlandse imperialisten'. Tegelijk werden verklaringen gedaan dat Tibet op binnenlands vlak autonoom zou blijven, vooral met betrekking tot religie en traditie. De Tibetanen werden voor onderhandelingen over een regeling uitgenodigd. Toen de Tibetaanse regering hier niet op inging, trok het Rode leger op 7 oktober 1950 in Kham de grens over. Het zwakke Tibetaanse leger bood omzeggens geen weerstand. Over de grootte van het leger lopen de meningen uiteen. Cijfers van 3000 tot 12 000 worden geciteerd. 6000 tot 8000 manschappen lijkt waarschijnlijk. Dit stond in geen enkele verhouding tot de oppervlakte van het land en de militaire macht van de buurlanden. De letargie die tot dan toe kenmerkend was geweest voor de Tibetaanse regering werd doorbroken. De veertiende Dalai Lama werd op 17 november 1950, officieel geïnstalleerd, twee jaar voor de voorziene datum. Er werden pogingen gedaan om internationale steun te verwerven. Er werd zonder succes contact gezocht met de regeringen van de Verenigde Staten, Groot-Brittannië, India en Nepal, en het beroep op de algemene vergadering van de Verenigde Naties werd op 8 november sine die verdaagd. Omstreeks die tijd keerde ook de oudste broer van de Dalai Lama, die als abt van een klooster in West-China de communistische machtsovername had meegemaakt, terug naar Lasa om de Dalai Lama te informeren over de ware bedoelingen van de Chinese communisten, namelijke Tibet in te lijven bij China. Het militaire succes van

China en de onverschilligheid op internationaal vlak maakten dat er voor de Tibetanen geen andere weg openbleef dan met de Chinezen te onderhandelen, of liever de Chinese voorwaarden te aanvaarden. Dit mondde uit in het ,Zeventien Punten Verdrag' van 23 mei 1951. Deze overeenkomst over de maatregelen nodig voor de ,bevrijding' van Tibet, was de basis voor de Chinese overheersing en de plaats van Tibet in de Chinese Volksrepubliek.

3. Het Zeventien Punten Verdrag

Bij de strijd in Kham was de provinciegouverneur Ngabo Ngawang, in Chinese handen gevallen. Hij stuurde een verslag naar Lasa, waarin hij de situatie uiteenzette en toestemming vroeg om onderhandelingen te beginnen. De regering stemde toe en zond enkele hoge ambtenaren naar Beijing om Ngabo bij te staan.

Ngabo Ngawang was in 1965 en 1981 voorzitter van de regering van de Autonome regio Tibet.

Op advies van de regering, trok de Dalai Lama zich na de uitspraak van het staatsorakel terug naar veiliger oorden. Hij vestigde zich in Yatung, dichtbij de grens met India. Twee ministers, een leek en een monnik, bleven in Lasa om de lopende zaken af te handelen. Van uit Yatung stuurde de Dalai Lama een delegatie van zes man naar Beijing voor vredesonderhandelingen.

De oppositie van de regering in Lasa, die onder leiding van de

Panchen Lama al lang in China verbleef en door de Chinese communistische partij gesteund werd, stuurde eveneens een afvaardiging om aan de besprekingen deel te nemen. De verdeelde groep Tibetanen, zonder militaire of diplomatieke steun, stond zeer zwak tegenover de Volksrepubliek China. Het verdrag geeft dan ook de indruk van een gulle toegeving van China aan een ondergeschikte, eerdere dan een vrijwillig gesloten internationaal verdrag, dat het voordeel van beide partijen nastreeft. Bij het begin van de besprekingen legden de Chinezen een ontwerp met 10 punten op tafel. Na harde discussies pasten de Chinezen hun voorstel enigszins aan, wat resulteerde in het Zeventien Punten Verdrag. Hierop volgde een ultimatum dat dit voorstel zonder wijzigingen door Tibet moest ondertekend worden of dat de consequenties van de weigering ondergaan moesten worden.

Op 23 mei 1951 werd het Zeventien Punten Verdrag tussen de Chinese regering en de ‚lokale' regering van Tibet in Beijing ondertekend. De Panchen Lama en zijn delegatie waren aanwezig en steunden de overeenkomst.

Het verdrag tussen de centrale volksregering en de lokale regering van Tibet betreffende de maatregelen voor de vreedzame bevrijding van Tibet[1].

1. Het Tibetaanse volk zal zich verenigen met de imperialistische agresieve krachten uit Tibet verdrijven; het Tibetaanse volk zal terugkeren naar de grote familie van het moederland, de Volksrepubliek China.

2. De lokale regering van Tibet zal het volksbevrijdingsleger actief bijstaan om Tibet binnen te trekken en de nationale verdediging te consolideren.

3. In overeenstemming met de politiek betreffende de minderheden bepaald in het gewone programma van de politieke Chinese volksadviesconferentie, heeft het Tibetaanse volk het recht op nationale regionale autonomie onder verenigde leiding van de centrale volksregering.

4. De centrale autoriteiten zullen het bestaande politieke systeem in Tibet niet veranderen. De centrale autoriteiten zullen ook de gevestigde status, functies en macht van de Dalai Lama niet veranderen. De ambtenaren van verschillende rangen zullen hun ambt zoals gewoonlijk behouden.

---

[1] Eigen vertaling van de auteur uit het Chinees.

5. De gevestigde status van de Panchen E-er-di-ni zullen behouden blijven.

6. Met de gevestigde status, functies en macht van de Dalai Lama en de Panchen E-er-di-ni bedoelt men de status, functies en macht van de dertiende Dalai Lama en de negende Panchen E-er-di-ni toen ze vriendschappelijke relaties onderhielden.

7. De politiek van vrijheid van religieus geloof bepaald in het gewone programma van de politieke Chinese volks-adviesconferentie, zal uitgevoerd worden, het religieuze geloof, gebruiken en gewoonten en de lama-kloosters zullen beschermd worden. De centrale autoriteiten zullen geen veranderingen doorvoeren in het inkomen van de kloosters.

8. De Tibetaanse troepen zullen geleidelijk aan gereorganiseerd worden in het volksbevrijdingsleger en een deel worden van de nationale verdedigingstroepen van de Volksrepubliek China.

9. De gesproken en geschreven taal en de schoolopvoeding van de Tibetaanse minderheid zal geleidelijk aan ontwikkeld worden in overeenstemming met de heersende toestand in Tibet.

10. De Tibetaanse landbouw, veeteelt, industrie en handel zullen geleidelijk aan ontwikkeld worden en de levensstandaard zal geleidelijk verbeterd worden in overeenstemming met de heersende toestand in Tibet.

11. In zaken betreffende de verschillende hervormingen in Tibet zal geen dwang zijn van de centrale autoriteiten. De lokale regering van Tibet zal hervormingen doorvoeren volgens haar eigen beslissingen en als het volk hervormingen eist, zullen ze worden doorgevoerd door middel van raadpleging van het leidende personeel van Tibet.

12. In zover als de vroegere pro-imperialistische en pro-kuomintang ambtenaren zich resoluut afscheiden van het imperialisme en de Kuomintang, en ze zich niet engageren in sabotage en verzet; mogen ze hun ambt blijven bekleden onafgezien van hun verleden.

13. Het volkbevrijdingsleger dat Tibet binnentrekt zal zich houden aan de hierboven vermelde politiek en zal fair zijn in het kopen en verkopen en zal niet willekeurig van het volk nemen.

14. De centrale volksregering zal alle buitenlandse zaken van Tibet centraal behandelen, er zal vreedzame co-existentie met de buurlanden bestaan en een faire commerciële en handelsrelatie met hen gevestigd en ontwikkeld worden op basis van gelijkheid, en wederzijds voordeel en wederzijds respect voor het territorium en de soevereiniteit.

15. Om de uitvoering van dit verdrag te verzekeren zal de centrale volksregering een militair en administratief comité oprichten evenals een militair plaatselijk hoofdkwartier in Tibet en — apart van het personeel gestuurd door de centrale volksregering — zoveel mogelijk plaatselijk Tibetaans personeel absorberen om deel te nemen in het werk. Plaatselijk Tibetaans personeel dat deelneemt aan het militair en administratief comité kan patriottische elementen bevatten van de lokale regering van Tibet, van verschillende districten en van verschillende belangrijke kloosters; de namenlijst zal verdergezet worden na overleg tussen de vertegenwoordigers, aangesteld door de centrale volksregering en de verschillende betrokken afdelingen. Ze zijn onderworpen aan de centrale volksregering voor benoeming.

16. Fondsen nodig voor het militair en administratief comité, het militair hoofdkwartier en het volksbevrijdingsleger dat Tibet binnentrekt, zullen verstrekt worden door de centrale volksregering. De lokale regering van Tibet moet het volksbevrijdingsleger helpen bij het verwerven en transporteren van voedsel, veevoer en andere noodzakelijkheden van elke dag.

17. Dit verdrag zal onmiddellijk van kracht worden na de ondertekening en het bevestigen van de zegels.

Ondertekend en verzegeld door:

De gevolmachtigde vertegenwoordigers van de centrale volksregering:

— hoofdvertegenwoordiger: Li Weihan (voorzitter van de commissie van de minderheidszaken)

— vertegenwoordigers: Zhang Jingwu, Zhang Guohuo, Sun Zhuyuan.

De gevolmachtigde vertegenwoordigers van de lokale regering van Tibet:

— hoofdvertegenwoordiger: Kaloon Ngapo Ngawang Jigme (Ngabo Shapes)

— vertegenwoordigers: Dzasak Khemey Sonam Wangdi, Khentrung Thupten Thantar, Khenchung Thupten Lekmuun, Rimshi Samposey Tenzin Thundup.

Inhoudelijk kunnen in het verdrag twee delen onderscheiden worden, namelijk de punten die betrekking hebben op de internationale relaties en deze die de binnenlandse problemen behandelen. De eerste artikelen bepalen dat het Tibetaanse volk zich moet verenigen en de agressieve imperialisten de deur wijzen. De lokale Tibetaanse regering zal het

Chinese leger helpen Tibet binnen te trekken en de nationale verdediging te consolideren. Het Tibetaanse leger wordt opgenomen in het rode leger. De Volksrepubliek China staat in voor de buitenlandse betrekkingen: met de buurlanden zullen vredelievende relaties onderhouden worden en handelsbetrekkingen op voet van gelijkheid.

Deze bepalingen vestigen de soevereiniteit van China over Tibet in de lijn van de reeds eeuwenlang gevoerde politiek in dit gebied. Ze zijn in tegenspraak met de ,de facto' onafhankelijkheid die Tibet sinds 1912 kende.

De artikelen over de binnenlandse aangelegenheden waren tegelijk explicieter en meer ambigu. Artikel 3 erkende dat de Tibetanen recht hadden op nationale regionale autonomie onder leiding van de regering in Beijing. De centrale overheid zou de status, de functie en de macht van de Dalai Lama niet aantasten. De ambtenaren mochten hun functies behouden. Het geloof en de traditie zouden worden beschermd (artikel 7). De inkomsten van de kloosters zouden worden gevrijwaard. Het bevrijdingsleger zou deze politiek respecteren en een billijke vergoeding betalen voor de goederen en diensten die ze gebruiken (artikels 13 en 16). Deze artikelen werden aangevuld met de andere die gericht waren op wijziging van het bestaande bestel. De Panchen Lama werd hersteld in zijn status en functie (artikel 5). De positie van de Panchen Lama en de Dalai Lama werd terug geprojecteerd naar het verleden toen er een goede verstandhouding tussen hen bestond. (artikel 6) Het onderwijs en de taal zouden ontwikkeld worden in overeenstemming met de actuele omstandigheden (artikel 4). Ook voor landbouw, veeteelt, industrie en handel werd hetzelfde criterium gehanteerd (artikel 10). De hervormingen zouden worden doorgevoerd door de lokale regering na raadpleging van het volk en de nationale regering (artikel 11). Het vroegere administratieve personeel mocht zijn functies behouden voor zover het niet vijandig stond tegenover de nieuwe situatie (artikel 12). Daartegenover stond de oprichting van een militair en administratief comité door de centrale regering. Deze Chinese instellingen zouden naast Chinezen ook Tibetanen aannemen. In principe liet China de belangrijkste lokale instellingen en overheden ongemoeid, maar voorzag formeel de mogelijkheid de socio-politieke organisatie van het land later op legitieme wijze te wijzigen.

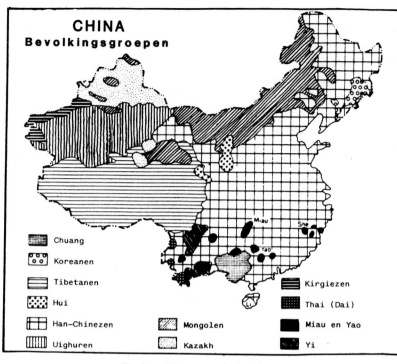

De bevolkingsgroepen in China.

3. De Chinese minoriteitenpolitiek

Alhoewel de minoriteiten slechts 6 % van de totale bevolking uitmaken, heeft de centrale regering om verschillende redenen toch steeds
veel aandacht geschonken aan de minoriteitenpolitiek. De belangrijkste
minderheidsgroepen leven in de grensgebieden: Tibet, Xinjiang, Binnen-
Mongolië en Yunnan die van groot strategisch belang zijn voor China.
China heeft er alle belang bij de loyauteit van deze volken voor zich te
winnen. De gebieden die door de minderheden bewoond worden zijn
enorm uitgestrekt en heel dun bevolkt. Ze vormen samen een gebied dat
ongeveer half zo groot is als de totale oppervlakte van de Volksrepubliek China. Ze vormen een potentiële ruimte voor emigratie van
Han-Chinezen, die er zich nuttig zouden kunnen maken bij de uitbating
van de minerale rijkdom. De landbouw en veeteelt van deze streken kan
bijdragen tot een verbetering van de voedselvoorziening van China.

Het harmonisch samenleven van verschillende volken binnen een socialistische staatsstructuur zou een succes zijn voor de Chinese communistische partij en een belangrijk propagandapunt tegenover het buitenland.

Het beleid van de centrale regering en van de Chinese communistische partij was in essentie een poging om de levenswijze en de structuren van de nationale minderheden te sinificeren. Voor de partij stelde zich het probleem te voorkomen dat de multinationale staat zou uiteenvallen in nationale eenheden ten gevolge van de revolutie. Anders geformuleerd zou men kunnen zeggen : hoe zal de werkende klasse, die de macht overneemt, de nationale tegenstellingen die ontstaan zijn onder de keizers en een nieuw multinationalisme tot stand brengen gebaseerd op de proletarische eenheid? Hiervoor bestaat er volgens de communistische doctrine een dubbele oplossing.

Als de communistische partij, voorhoede van het proletariaat, de macht gegrepen heeft, is er geen sprake meer van verdrukking van de ene natie door de andere. Integendeel, de Han hebben de plicht niet-Han te bevrijden uit de feodale verdrukking en onderontwikkeling. De hulp die de Han verlenen, is de beste waarborg voor de ontvoogding en ontwikkeling van de nationale minderheden. Elke afscheiding van China is tegengesteld aan de belangen van de minderheden. De eis voor onafhankelijkheid van de minderheden in een socialistisch land is contra-revolutionair. Alleen in kapitalistische en kolonialistische landen is deze eis gerechtvaardigd.

De minderheden beschikken niet noodzakelijk over een politiek bewuste, werkende klasse. De sociale verhoudingen worden in grote mate bepaald door tradities en religie. Door de inherente eenheid te breken zal het bewustzijn van het klassenonderscheid toenemen. Het religieuze karakter van de bevolking bevordert hun eenheid, daarom moet het bestreden worden en veranderd in een proletarische ingesteldheid. Dit kan door enerzijds een welwillende houding aan te nemen tegenover de werkende massa en de nadruk te leggen op de verdrukking door de religieuze en nationale leiders. Anderzijds moet alles in het werk worden gesteld om de traditionele leiders aan te moedigen deel te nemen aan de opbouw van een betere samenleving. Dit wil zeggen dat men een eenheidsfront moet vormen met de progressieve krachten.

Reeds vanaf 1931 was de Chinese communistische partij zich bewust van het belang van de minderheden voor het slagen van de revolutie. Mao erkende het zelfbeschikkingsrecht en het recht op een onafhankelijke staat voor elke minoriteit. In 1935 verklaarde de partij dat de nationale minoriteiten in het nieuwe China autonomie zouden verkrijgen, maar niet het recht zouden hebben zich af te scheiden.

In 1940 streefde het centraal comité van de communistische partij naar versterking van de nationale eenheid om beter weerstand te kunnen bieden aan de Japanners. In zijn boek over ,Coalitie Regering' van 1945 verklaarde Mao dat de eigenheid van de minoriteiten gerespecteerd moest worden. De status van de minderheden in China werd uiteengezet in 3 basisdocumenten: het gemeenschappelijk programma (1949), het algemeen programma voor het doorvoeren van regionale autonomie voor de nationaliteiten in de Volksrepubliek China (1952) en de grondwet van de Chinese Volksrepubliek (1954). De grondbeginselen kwamen hier op neer dat alle nationaliteiten gelijk waren en meewerkten aan de ontwikkeling van een broederlijke socialistische gemeenschap. Er was vrijheid van cultuur en religie. De minderheden kregen een politieke vertegenwoordiging in het volkscongres. Het voornaamste instrument voor de ontwikkeling van het politiek, economisch en zelfs cultureel

Tibetanen in het minoriteiteninstituut in Sichuan.

leven van de minoriteiten was een reeks nationaliteiteninstituten, opgericht om kaders op te leiden. Tegenwoordig zijn er tien minoriteiteninstituten in China.

In 1953 werkte de partij een minoriteitenpolitiek uit. In de schoot van het centrale partij-comité, de staatsraad en het volkscongres werden verschillende organen opgericht die belast werden met de problemen van de minderheden. De eenheidsfrontwerkgroep van het centraal comité stelde een politieke richtlijn op voor de minderheidsgebieden. In Tibet stond de werkgroep een politiek van geleidelijke omvorming voor. In de andere minderheidsgebieden waren reeds vlak na 1949 socialistische transformaties doorgevoerd. In het kader van de langzaam-aan methode die in Tibet toegepast werd, verklaarde Qang Qi-I, die verantwoordelijk was voor de aktiviteiten van het eenheidsfront en de minoriteitenproblemen, dat het geloof en de traditie van de minderheden gerespecteerd dienden te worden. Hij zei verder dat de religieuze leiders gesteund moesten worden om hen patriottische en burgelijke deugden bij te brengen. Voorlopig moest voor het bestuur nog beroep worden gedaan op de kennis van de traditionele bovenlaag, terwijl de nieuwe kaders met een proletarische achtergrond werden opgeleid.

Mao herleidde het minoriteitenprobleem tot een klasseprobleem: in een homogene proletarische cultuur zullen er geen verschillen meer zijn tussen de nationale en etnische groepen. In de revolutionaire fase van de ontwikkeling is er binnen de Chinese Volksrepubliek plaats voor minoriteiten die over een zekere autonomie beschikken, maar de autonome gebieden vormen een onafscheidbaar deel van China. In de grondwet werd min of meer het model van de Sovjetunie met de verschillende vormen van autonomie (autonome gebieden, autonome departementen, autonome districten en autonome gemeenten) voorzien. Maar in de terminologie van de partij is er sprake van integratie gebaseerd op versmelting van de verschillende nationaliteiten.

De algemene kenmerken van de Chinese minderhedenpolitiek sinds 1949 omvatten, naar analogie met de Sovjetunie, volgende elementen:
– Afschaffing van het wettelijk onderscheid tussen de nationaliteiten en verbod op discriminatie.
– Speciale aandacht voor de ontwikkeling van de infrastructuur in gebieden die vooral door minderheden werden bewoond.
– Propaganda en onderwijs staan ten dienste van het patriottisme en de

aanhankelijkheid van de etnische groep aan de Chinese communistische partij en de Chinese staat.

– Ontwikkeling van de talen van de minderheidsgroepen om de invloed van propaganda en onderwijs te versterken. De talen werden gestandaardiseerd op basis van het pin-yin alfabet, dat ontwikkeld werd onder impuls van de partij.

– Gebruik van massa-media om het ontstaan van een uniforme cultuur te bevorderen.

– Aanmoediging van het geschiedenisonderzoek. Enerzijds om de historische en vriendschappelijke relaties tussen de Han en de minderheidsgroep in kwestie te benadrukken en anderzijds om de band van de minoriteiten met andere landen of hun perioden van relatieve onafhankelijkheid af te zwakken.

– De theorie van de klassenstrijd wordt aangewend om het antagonisme tussen de nationaliteiten te verklaren. Zo stimuleerde men bijvoorbeeld coalities tussen hogere klassen van de Han en van de minderheden om hun belangen te verdedigen tegenover de lagere sociale klassen.

– Poging om de minderheden te overtuigen dat er economische voorspoed mag verwacht worden door hun participatie in de Chinese socialistische staat.

– Aanmoediging van de minderheden om deel te nemen aan de Chinese staat door ontwikkeling van een multinationale partij, bureaucratie, leger, scholen, massa-organistaties, fabrieken,... Dikwijls kent men aan de minderheden speciale privileges toe om hun medewerking aan te moedigen.

De Chinese communisten zetten de assimilatiepolitiek van de Kuomintang, vanaf de ,Grote Sprong Voorwaarts', verder, namelijk sinisering en modernisering krijgen weer vooral aandacht. De integratie van de minderheden in de Volksrepubliek is een vast gegeven in de politiek van de Chinese communistische partij. De gevolgde methode en het tempo zijn binnen de partij vaak aanleiding geweest tot spanningen.

In een eerste fase werden in Tibet de nationale politiek en de taktiek van het eenheidsfront toegepast. Enerzijds werden allerlei verenigingen opgericht en massavergaderingen gehouden,anderzijds richtten de Chinezen zich tot de leidende klasse. In de eerste periode, namelijk van 1951 tot 1954, werd beroep gedaan op de loyaliteit ten opzichte van het Zeventien Punten Verdrag, de multinationale Volksrepubliek en de strijd tegen het imperialisme. Alhoewel het eenheidsfront zich richtte tot de elite, stond het toch ten dienste van de werkende bevolking, ten einde het vooruitzicht op de sociale vooruitgang en het leiderschap van het proletariaat over de samenleving veilig te stellen.

In de tweede fase na 1959 was het eenheidsfront niet langer uitsluitend patriottisch en anti-imperialistisch. Het werd een democratisch front dat zich richtte tegen de feodaliteit. De elite kon slechts in dit nieuwe front opgenomen worden als de democratische hervormingen aanvaard werden.

De linkse afwijking tijdens de culturele revolutie luidde een derde fase in, waarbij het belang van het eenheidsfront werd verminderd. Er werd gekozen voor een radicale aktie tegen alle aspecten van de oude samenleving. In deze periode kwamen belangrijke figuren van het eenheidsfront in moeilijkheden. Ngabo en de Panchem Lama werden uit hun functie ontheven en dienden door de centrale overheid in bescherming te worden genomen. Vele anderen werden het slachtoffer van de talloze thamzings. Lin Biao verklaarde dat het eenheidsfront slechts tijdelijk was voorbijgestreefd. Na de val van de Bende van Vier, in de vierde fase, werd de vroegere politiek van het eenheidsfront terug hervat. De Panchen Lama en Ngabo werden in ere hersteld, de betalingen voor de onteigeningen werden hervat, kinderen van de oude elite kregen weer een kans op onderwijs enz.. Er werd toenadering gezocht tot de Tibetanen in ballingschap en tot de Dalai Lama in het bijzonder. Ngabo verklaarde in 1977: ‚...*met betrekking tot de Dalai Lama die naar het buitenland vluchtte gedurende de opstand van 1959 en diegenen die met hem vluchtten, is de politiek van onze partij consistent: alle patriotten zijn welkom of ze vroeg of laat terugkomen. Voor zover ze oprecht terugkomen om het moederland te aanvaarden en aan de kant van het volk te staan, zullen de regering en het volk de nodige schikkingen treffen voor hun welzijn.*' De gevluchte Tibetaanse leiders hadden nog een grote invloed en hun medewerking zou van nut kunnen zijn om de nationaliteitenpolitiek van de partij te steunen. De Chinese communistische partij keerde terug tot een politiek die op termijn leidde tot het geleidelijke verdwijnen van de oorspronkelijke verschillen tussen de nationaliteiten. Door het wederzijds contact tussen de nationaliteiten, de ontwikkeling van de economie, administratie en cultuur, zou er een nieuwe psychologische identiteit van het volk en een echte eenheid tussen de volkeren in de multinationale staat tot stand komen. Want de partij gelooft in de progressieve en natuurlijke assimilatie. En de grondwet van 1982 bepaalt in het voorwoord: ‚In de strijd voor de eenheid van de natie is het nodig kleinerend chauvinisme, vooral Han-chauvinisme, te bekampen.'

Maar het uiteindelijke doel van de Chinese communistische partij kan niet over het hoofd gezien worden: het zijn veiliger grenzen en grondstoffenbevoorrading.

Tibet is voor China het grootste en moeilijkst te integreren autonoom gebied. Het is ook het minst succesvolle voorbeeld van de relaties tussen de Chinese communistische partij en de minderheden.

5. *De status van Tibet in het internationale forum*

Centraal-Azië is eeuwenlang het strijdtoneel geweest van krijgshaftige heersers. Tibet, dat zelf ooit expansionistische ambities had, was in de zeventiende eeuw de inzet van de machtsstrijd tussen Mongolen en Chinezen. In de achttiende eeuw bracht de Qing-dynastie Tibet binnen haar invloedsfeer en beschouwde het als een beschermd gebied. China kwam vier keer tussen om invallers uit Tibet te verdrijven. Tibet betaalde jaarlijks tribuut aan de keizer. De Qing-keizer werd erkend als soeverein, de Dalai Lama was de geestelijke leider die in Tibet het wereldlijk gezag uitoefende met goedkeuring van de keizer. De Dalai Lama spreekt van een persoonlijke relatie tussen hem en de Chinese keizers.

Sommige auteurs zijn van mening dat Tibet een vazal-staat van China was. Anderen spreken van een protectoraat. De ambans vertegenwoordigden de keizer in Lasa en hielden toezicht op de Dalai Lama en de Tibetaanse regering.

Het strategisch belang van het Tibetaanse hoogplateau verklaarde de pogingen van Rusland en Groot-Brittannië om het gebied in de negentiende eeuw onder controle te krijgen. In 1904 vielen Britse troepen vanuit India Tibet binnen, ze dwongen handelsrechten af en beveiligden tegelijkertijd de noordergrens van India. Zowel de Tibetaanse als de Chinese regering erkenden deze rechten. Door het feit dat de Britse regering met de Chinese regering onderhandelde om zijn handelsrechten te doen erkennen, bevestigden ze de Chinese soevereiniteit over Tibet. De val van de Qing in 1911 maakte het voor de Tibetaanse regering mogelijk de Chinese vertegenwoordigers te verdrijven.

In 1912 verklaarde de dertiende Dalai Lama Tibet onafhankelijk. De Chinese burgerrepubliek verzette zich en president Yuan Shikai verklaarde dat Tibet een provincie was van China. Het kwam tot een gewapend treffen maar China was niet in staat zijn gezag te herstellen. Op uitnodiging van Groot-Brittannië werd in 1913 de conferentie van Simla geopend om de status van Tibet te regelen. Men kwam overeen dat Tibet zijn gebied autonoom mocht besturen maar onder Chinese soevereiniteit stond. China weigerde het verdrag te ondertekenen waardoor China in feite zijn aanspraak op Tibet verspeelde. Toch bleef het Tibet beschouwen als een deel van zijn grondgebied, zonder er evenwel enig gezag te kunnen laten gelden.

De houding van de internationale gemeenschap was ambivalent. Enerzijds was er geen enkel land dat Tibet formeel erkende als onafhankelijke staat, maar anderzijds onderhandelden de regeringen van Groot-Brittannië, de Verenigde Staten en later ook India, rechtstreeks met de Tibetaanse regering. De internationale positie van Tibet bleef vaag. Voor Groot-Brittannië was Tibet een autonome staat in de zin van het ontwerpverdrag van Simla, dit is onderworpen aan de soevereintiteit van China. Ook de Verenigde Staten bleven de Chinese soevereiniteit erkennen.

In deze zin was Tibet een vazal-staat met beperkte bevoegdheden op internationaal vlak. De nadruk lag op de volledige interne autonomie. De relaties tussen Groot-Brittannië en Tibet beantwoordden aan de feitelijke situatie, namelijk de onmogelijkheid van China, gezag uit te oefenen over Tibet. Dit kan beschouwd worden als een voorlopige erkenning van de ,de facto' situatie.

Alhoewel Tibet tot 1950 alle attributen had van een onafhankelijke staat werd de externe soevereiniteit niet erkend om opportuniteitsredenen. Noch Groot-Brittannië, noch de Verenigde Staten of India wensten diplomatieke verwikkelingen met China. Tibet van zijn kant ondernam weinig om de internationale rechtsbekwaamheid van het land te laten erkennen.

Bijna tweehonderd jaar hebben de Chinese regeringen Tibet beschouwd als een deel van China, hetgeen internationaal algemeen erkend werd.

‚China vestigde zijn soevereiniteit over Tibet in 1793, na vier militaire expedities, hetgeen blijkbaar algemeen aanvaard werd.'

Ook de Tibetaanse leidende klasse geeft toe dat er nauwe betrekkingen waren met China, zij het dan dat zij hier een heel andere betekenis aan geven dan de Chinese leiders. De Tibetanen waren er zich niet bewust van dat de aanwezigheid van de Chinese ambans in Lasa de Chinezen het recht gaf verdragen te sluiten in naam van Tibet. Het uitroepen van de onafhankelijkheid in 1912 wijst op het verlangen zich te ontdoen van de Chinese invloed in het bestuur van het land. Dit gebeurde onder impuls van de dertiende Dalai Lama, een krachtige figuur, die zich bewust was van de toestand in de omringende landen en de evolutie in de wereld. De dertiende Dalai Lama was verplicht tweemaal naar het buitenland te vluchten. In 1904 tengevolge van de Younghusbandexpeditie en in 1910 bij de Chinese inval verbleef hij respectievelijk in Mongolië en India.

Veel Tibetanen betwisten de Chinese soevereiniteit. Tibet is een natie met een volk dat een gemeenschap vormt op basis van ras, taal, godsdienst en verleden, met een regering die gezag uitoefende over het eigen grondgebied. Door de val van de Mantsjoes is de mystieke, politieke band tussen de Dalai Lama en de keizer verbroken en dus ook die tussen Tibet en China. Volgens deze groep is Tibet onafhankelijk.

Sinds het begin van de twintigste eeuw wordt gesteld dat een volk dat een afzonderlijke natie vormt, ook een afzonderlijke politieke eenheid moet vormen. Dit nationaliteitsbeginsel wordt gesteund door het principe van het zelfbeschikkingsrecht van de volkeren dat na de eerste wereldoorlog ingang vond. Het wordt herhaald in het Charter van San Fransisco dat de Verenigde Naties in 1945 publiceerde en in de Verklaring van de Rechten van de Mens uit 1948. VN-document, A, 5100: ‚2. *Hernieuwt plechtig haar (Algemene vergadering) oproep tot het staken van de handelingen die het Tibetaanse volk beroven van zijn fundamentele mensenrechten en vrijheden, inbegrepen het recht op zelfbeschikking.'*
De toepassing van deze begrippen stuit op grote moeilijkheden omdat er in het volkenrecht geen criteria zijn om te bepalen wanneer ze moeten toegepast worden.Uiteindelijk spelen machtsfactoren de beslissende rol.

In het geval van Tibet betekende dit dat zolang de Chinese regering zwak was, Tibet feitelijk onafhankelijk was. Na het einde van de machtsstrijd in China keerde het volksbevrijdingsleger zich tegen de afscheuring van Tibet. De zwakke militaire positie van Tibet had tot gevolg dat China in staat was de hereniging af te dwingen.

HOOFDSTUK 5

CHINESE VOOGDIJ TOT DE OPSTAND VAN 1959

1. De overgangsperiode: 1951-1954

a. Bestuur en administratie

Oppervlakkig gezien werden de formele instellingen van de Tibetaanse administratie nauwelijks gewijzigd voor de opstand van 1959. Wel begonnen de Chinezen onmiddellijk na de ondertekening van het Zeventien Punten Verdrag en de bezetting van Lasa de basis te leggen voor latere transformaties naar socialistisch model. De kern van de Chinese politiek bestond erin het begrip lokale regering van Tibet te herdefiniëren. Tibet bleef in rechte één, maar werd door de Chinezen op bestuurlijk vlak in drie afzonderlijke gebieden verdeeld. Centraal-Tibet bleef onder het gezag van de Dalai Lama, Shigatse kwam onder het gezag van de Panchen Lama en Chamdo vormde een derde aparte provincie. Zo kwamen drie gebieden tot stand met verschillende belangen en werd de wereldlijke macht van de Dalai Lama beperkt. Reeds in 1951 werden de Dalai Lama, de Panchen Lama en Ngabo verkozen in de Chinese politieke conferentie en zo werden hun gelijkwaardigheid en hun verhouding tot de Chinezen benadrukt.

Beijing kon nu beweren dat het Zeventien Punten Verdrag enkel betrekking had op het gebied onder het gezag van de Dalai Lama. In de praktijk bleek dat de vrijstelling van interne hervormingen beperkt bleef tot Centraal-Tibet. Elders was de instemming van de overheid in Lasa niet vereist.

Chamdo was door zijn ligging (in het oosten) en zijn relatief gemakkelijke verbinding met China gekozen voor een snellere integratie in de volksrepubliek dan de rest van Tibet. De semi-onafhankelijkheid van de autochtone stammen tegenover Lasa en de bestaande relaties met China bevorderden deze evolutie. De Chinezen richtten een volksbevrijdingscomité op dat de bevoegdheid kreeg over de administratie van het gebied. Er werd ook een administratieve raad geïnstalleerd, die in directe verbinding stond met Beijing. Hij kon beslissen over lokale Tibetaanse zaken zonder de toestemming van Lasa. De topfuncties waren in handen van Tibetanen die gewonnen waren voor de Chinese zaak. Onder hen Ngabo Ngawang, voormalig gouverneur van Kham en leider van de Tibetaanse delegatie bij de onderhandelingen over het Zeventien Punten Verdrag. De acties die de Chinezen tegen de religie ondernamen waren het strengst in Oost-Tibet. De kloosters werden van hun voorraden en inkomsten beroofd, ze werden verplicht hun eigendom over te dragen aan de regering. De monniken werden verplicht handenarbeid te verrichten. De anti-religieuze propaganda had een permanent karakter. In feite was Chamdo in 1954 volledig onttrokken aan het gezag van Lasa en stond het onder controle van het lokale Chinese hoofdkwartier.

In Shigatse buitten de Chinezen de rivaliteit tussen de Dalai Lama en de Panchen Lama uit. Op religieus vlak waren ze beiden van gelijke rang maar op het wereldlijke terrein was de Dalai Lama de meerdere. Dit was in het verleden vaak aanleiding geweest tot twisten tussen Shigatse en Lasa, waarbij de Panchen Lama herhaaldelijk steun had gezocht bij de Chinezen. China maakte gebruik van de loyauteit van de Panchen Lama om zijn politieke controle indirect uit te breiden. In 1952 werd de Panchen Lama in zijn eigen klooster, Tashilumpo, geïnstaleerd met een hofhouding en een regering die mini-copieën waren van Lasa. De Chinezen relativeerden zo de betekenis van de Dalai Lama en breidden de Chinese invloed in Shigatse snel uit.

In Lasa verwachtten de Chinezen meer weerstand en gingen ze aanvankelijk omzichtiger te werk. Maar de Chinezen grepen elke gelegenheid aan om de interne eenheid van het gevestigde regime te verzwakken door dissidente elementen te steunen. Ook ondernam men stappen om de positie van de Dalai Lama, die in de zomer van 1951 naar Lasa was teruggekeerd, te ondermijnen. De bijzondere betekenis van de Dalai Lama vloeit voort uit zijn goddelijkheid. Door hem te vermenselijken, door hem meer te betrekken bij wereldlijke routinezaken, probeerden de communisten zijn gezag te verminderen. Hij kwam meer in contact met het volk en men verwachtte dat het mysterie van de ongenaakbare god-koning zo zijn kracht zou verliezen. De Dalai Lama kondigde in 1953 zelf aan dat hij alle Tibetanen zou ontvangen die hem een petitie wensten voor te leggen. Dit was niet alleen een toegeving aan de Chinezen, maar ook een poging van de Dalai Lama om de achterlijke Tibetaanse gewoonten enigszins te liberaliseren en een nauwere band tot stand te brengen tussen hem en het volk. Ook op seculier vlak werd de macht van de Dalai Lama beperkt. In 1952 eisten de Chinezen het ontslag van twee belangrijke ministers. Zo werd de Dalai Lama verplicht zich directer met de controle van de de regering bezig te houden en een actieve rol te spelen in de dagelijkse politiek, zodat zijn symbolische positie van vorst werd aangetast.

De macht van de kloosters werd aan banden gelegd. De administratie werd geseculariseerd, door de taken van de monniken over te dragen aan leken. De privileges die het gevolg waren van de feodale praktijken werden afgeschaft of sterk beperkt, zodat de adel in het gedrang kwam. De Chinezen gebruiken de naijver tussen de edelen om hun invloed te breken en medestanders voor zich te winnen.

In januari 1953 onderging de kashag op aandringen van China belangrijke veranderingen. Een speciale commissie van drie ministers werd belast met de relaties tussen de Tibetaanse regering, vertegenwoordigers van Beijing en de militaire commandant. Ten tweede kregen de ministers van nu af individuele specifieke taken, zodat ze persoonlijk verantwoordelijk waren voor hun daden. Vroeger waren de ministers collectief verantwoordelijk en bleven ze meer anoniem. Daardoor hadden de Chinezen nu betere controle-mogelijkheden en waren de ministers kwetsbaarder. De Chinezen formaliseerden ook de procedures van de benoemingen om een administratieve hiërarchie te bepalen, de juridische bevoegdheid vast te leggen en de persoonlijke autoriteit van de vorst over de ambtenaren te beperken. De districtsgouverneurs werden voor drie jaar benoemd en kregen een vast salaris. Traditioneel behielden deze ambtenaren hun post zolang ze in de gunst stonden van de Dalai Lama en kregen ze een deel van de belastingen als loon.

b. *Socio-economische situatie*

Beijing rekende op het cumulatieve effect van zijn inspanningen op elk niveau om zijn invloed geleidelijk te laten doordringen in de hele Tibetaanse samenleving. Het concentreerde zijn inspanningen dan ook niet uitsluitend op politiek en administratief vlak, maar had ook aandacht voor het dagelijkse leven, waarbij het rekende op de aantrekkings-kracht van moderne technieken in contrast met de verouderde traditionele methodes.

Pogingen om de Tibetanen vertrouwd te maken met de Marxistische filosofie ondernam men aanvankelijk via ,sociale' organisaties, die zich richtten tot welbepaalde groepen of domeinen: jeugd, vrouwen, cultuur, studie. Dit met de bedoeling invloed te krijgen op de publieke opinie.

Op economisch vlak werd voorzichtig gehandeld. Het bestaande systeem van landverdeling en taxatie verplichtte de boeren vaak tot leningen tegen hoge intresten om hun verplichtingen na te komen. Intresten van 20-30 % en meer waren heel gewoon. In de periode van 1951 tot 1953 nam men maatregelen om deze lasten te verlichten. De oude gecumuleerde graan- en geldschulden werden gehalveerd en de achterstallige intresten kwijtgescholden. De intresten op de nieuwe schulden werden teruggebracht tot 1/3 van de oude intrest. De belastingen werden verlaagd en het was verboden beslag te leggen op gehypotekeerde gronden als de ontlener zijn schulden kon terugbetalen. Traditioneel was de lokale overheid vrij de te innen belastingen te vermeerderen om hun onkosten en salaris te dekken. Volgens het voorstel van de hervorming van de Dalai Lama zou het vastbepaalde bedrag integraal worden overgedragen aan de staat, die een salaris zou uitkeren aan de ambtenaren. De Chinezen probeerden het krediet voor deze gunstige hervormingen naar zich te halen. De regering van de Dalai Lama had echter ook reeds geprobeerd maatregelen te nemen met hetzelfde doel. Succes was uitgebleven omdat ze enkel betrekking hadden op de staatsgronden, dus slechts op een deel van de agrarische bevolking en omdat de Chinezen de uitvoering van de maatregelen hadden tegengewerkt, daar ze zelf landbouwhervormingen wilden doorvoeren op basis van de communistische ideologie. Volgens Ginsburgs en Mathos hadden ze de bedoeling later als beschermer van de werkende massa op te treden. Op korte termijn was het de bedoeling de gunst van de massa te winnen, hen te vervreemden van de leidende klasse en de structuren van de Tibetaanse samenleving te verstoren, zodat het later gemakkelijker zou zijn het verdeelde volk te overheersen en het socialisme onder gunstige omstandigheden uit te bouwen.

De landbouw en veeteelt verbeterden door het gebruik van betere methodes en moderne technieken. De Volksbank van China stelde goedkoop krediet ter beschikking van de landelijke bevolking zodat de nodige werktuigen om de produktie te verhogen en te verbeteren konden worden aangekocht. Mobiele veeartsenij-eenheden doorkruisten het land.

Kort na de inval opende de Volksbank van China filialen in Lasa, Shigatse en Gyantse, met het doel vat te krijgen op het financiewezen en de binnenlandse handel. Alle handelstransacties tussen China en Tibet verliepen langs de algemene Tibetaanse commerciële coöperatieven zodat individuele handelaars nog weinig kans kregen winst te boeken. De Chinezen beperkten de winstmarges. Handelaars moesten hun kapitaal tegen lage intresten aan de Chinezen inleveren, die er dan in hun plaats handel mee dreven. Langzaam groeide de Chinese greep op het financiële en economische leven in Tibet.

De aanleg van wegen, vliegvelden, post, telegraaf en telefoon werd met grote spoed en enorme inspanningen doorgevoerd. De wegenbouw

Voorbereidende werken voor de bouw van de weg van Sichuan naar Tibet begonnen zeer snel na de Chinese invasie.

had een grote invloed op de kwantiteit en de diversiteit van de verhandelde goederen. De handel met China nam toe ten nadele van die met India en Nepal. De lokale produkten werden meer gevraagd en de prijs van de uit China geïmporteerde goederen daalde, tot 2/3 van de prijs in 2 jaar tijd. Maar met de aankomst van de Chinese troepen in Lasa in september 1951, werd de vraag groter dan het aanbod, met het gevolg dat de prijzen stegen. Voor het einde van 1951 waren er al meer dan 16000 Chinese militairen in Lasa gelegerd. De moeilijke aanvoer van levensmiddelen uit China deed de militaire overheid graanleveringen eisen van de Tibetaanse regering. Op korte termijn leidde dit tot voedselschaarste in Lasa en steeg de prijs van de levensmiddelen snel. De Dalai Lama vermeldt dat de graanprijs vertienvoudigde, boter werd negen maal duurder en andere goederen kostten twee- tot driemaal zoveel als voordien. Het ongenoegen van de bevolking groeide.

Op het gebied van de gezondheidszorg werden belangrijke inspanningen gedaan door de Chinezen. Moderne geneeskunde bestond in Tibet niet. Reeds in 1952 werd in Lasa een volksziekenhuis geopend. Mobiele medische eenheden en vaccinatie-teams gingen aan het werk. In Lasa werd een serumfabriek geopend.

De kwantitatieve impact van de Chinese inspanningen was op talrijke domeinen van de Tibetaanse samenleving belangrijk. Het is moeilijk na te gaan hoever de kwalitatieve resultaten reikten. De Chinezen hadden hervormingen doorgevoerd zover als zij meenden te kunnen gaan, rekening houdend met de labiele politieke toestand.

c. *Cultureel-religieuze situatie*

Via het onderwijs en door infiltratie van sociale, culturele en religieuze groeperingen probeerden de Chinezen hun ideologie ingang te doen vinden. Indoctrinatie in de Marxistische filosofie werd in de hand gewerkt door oprichting van organisaties zoals de Nieuwe Democratische Jeugd Liga en de Culturele Associatie van Patriottische jeugd. In 1954 richtte men een vrouwenorganisatie op.

In deze jaren was er weinig contact tussen de Chinese autoriteiten en het gewone volk. Wrijvingen werden vermeden. De relatie tussen de Tibetaanse regering en haar ambtenaren en de Chinese communistische partij en het Chinese bevrijdingsleger was gespannen. De Chinezen probeerden het volk voor zich te winnen, maar de meeste aandacht ging uit naar de heersende klasse: reizen naar China, lidmaatschap van de nieuwe revolutionaire comité's, decoraties en eerbetuigingen. De Chinese communistische partij gaf de traditionele aalmoezen aan de monniken. De invloed van de Chinezen was vooral psychologisch. De meerderheid van de Tibetanen reageerde niet openlijk. Er waren zeker individuen en groepen die zich aangetrokken voelden tot het nieuwe, maar de harde kern bleef echter immuun voor de vreemde ideologie. Aan de fundamenten van de cultuur en religie werd in deze periode dan ook nog niet geraakt.

Politiek hadden de Chinezen de verdeeldheid onder de Tibetanen vergroot door de Dalai Lama, de Panchen Lama en Ngabo tegen elkaar uit te spelen. Structurele veranderingen in de samenleving en economie waren nog niet doorgevoerd maar waarschijnlijk wel voorzien. Het Chinese doel was tweevoudig: geleidelijk de bestaande leidende klasse en instellingen verzwakken en de China gunstig gestemde elementen versterken om zo de integratie van Tibet in de volksrepubliek te realiseren.

In Chamdo, waar de Chinese invloed op het bestuur het grootst was, probeerde men een snellere integratie op gang te brengen. Han-immigranten kregen een stuk grond en werkten er volgens het socialistisch collectief model. Op de Tibetaanse bevolking werd druk uitgeoefend om dezelfde weg te volgen. Dit leidde tot spanningen, die groeiden, toen men probeerde de krijgshaftige stammen te ontwapenen. Het kwam tot een gewapend verzet tegen de aantasting van de traditionele levensstijl. Dit verzet werd door het Chinese leger onderdrukt.

Alhoewel de Chinezen de administratie stevig in handen hadden, waren de effectief doorgevoerde hervormingen beperkt. In Shigatse waren (mogelijk) geen grote problemen, de Panchen Lama en zijn omgeving waren de Chinezen gunstig gezind.

In Lasa ontstond er geen gewelddadige oppositie omdat de Chinezen zich in hoofdzaak beperkten tot niet-politiek gekleurde maatregelen. Wat niet betekende dat er geen ongenoegen bestond over de druk die de Chinezen uitoefenden. Vooral de adel en de kloosters waren gevoelig voor de Chinese aanwezigheid in Lasa. Een verzetsorganisatie, de Mimang, ontstond in de jaren 1952-1953. Zij vormde een spreekbuis voor het ongenoegen dat onder de Tibetaanse bevolking leefde. Maar ze ging niet over tot openlijk gewapend verzet. De Mimang was geen georganiseerde politieke macht in de gewone zin van het woord. Het was geen partij met een leider en een institutioneel kader. Het was een protestbeweging, een wijze van uiten en een actiemiddel. De Chinezen probeerden op verschillende manieren hun macht te behouden. Enerzijds door de Tibetanen angst aan te jagen, anderzijds door te pogen ze voor zich te winnen. De officiële Tibetaanse overheid kreeg de opdracht het verzet te onderdrukken en de Mimangleiders te arresteren.

2. NIEUWE POLITIEKE STRUCTUREN EN GROEIENDE ONRUST: 1954-1959.

a. *Bestuur en administratie*

1954 was het einde van een periode waarin de Dalai Lama zijn macht enigszins kon handhaven. De Chinezen probeerden met tact en diplomatie het overwicht te krijgen zonder de bestaande institutionele machine openlijk aan te tasten. Na 1954 kwam er duidelijk verandering in de administratieve structuur en de socio-politieke orde van Tibet.

In 1954 kreeg China een nieuwe grondwet en hiermee verdween de aparte status die Tibet in 1951 als ,speciaal' autonoom gebied gekregen had. De relaties tussen China en Tibet vielen niet meer onder het verdrag van 1951, maar rechtstreeks onder de Chinese wet. De Dalai Lama was indertijd met een Tibetaanse afvaardiging op het nationale volkscongres in Beijing. Hij nam er als vice-voorzitter van een permanente volkscongrescommissie actief aan deel. De Tibetanen vonden dit beneden de waardigheid van hun god-koning, maar zelf zag de Dalai Lama geen nut in een weigering.

In maart 1955 werd een resolutie goedgekeurd voor de oprichting van een voorbereidend comité voor de installatie van de Autonome Regio Tibet. Tibetaanse instellingen en organen van de Chinese communistische partij werden zo met elkaar verweven dat voor de buitenstaander Tibet een deel geworden was van de multinationale staat China. Het voorbereidend comité werd tijdelijk opgericht onder voorzitterschap van de Dalai Lama. Toch getekende dit geen reële macht, want de Tibetaanse comité-leden waren bijna allemaal Chinese stromannen en de bevoegd-

77

heid van het voorbereidend comité werd bepaald door de Chinese staatsraad. Het comité richtte verschillende administratieve kantoren op, overwegend bemand door Han-personeel. Zo ondermijnden de Chinezen de macht van de traditionele Tibetaanse leiders, die doordat ze vaak in allerhande commissies en organisaties opgenomen waren, geen protest konden uiten. De opdracht van het voorbereidend comité was geleidelijk aan de basis vormen voor het Autonome Gebied Tibet en zorgen dat de lokale evolutie paste in het Chinese geheel. Verder moesten ze eenheid creëren tussen de verschillende nationaliteiten en klassen in Tibet. Het onderwijs en de beroepsopleiding organiseren volgens het Chinese socialistische model. Waken over het leven en de eigendom van de nationaliteiten. Tenslotte de godsdienstvrijheid vrijwaren en de kloosters beschermen.

Om dit doel te bereiken had het voorbereidend comité van Beijing volgende macht gekregen: het mocht beslissingen nemen gebaseerd op algemene wetten, voorlopige wetten, aangepast aan de lokale omstandigheden, uitvaardigen, om ze later ter goedkeuring voor te leggen aan de staatsraad, personeel benoemen, budgettaire en financiële rapporten opstellen, ook om ze ter goedkeuring aan de staatsraad voor te leggen.

Toen het voorbereidend comité in september 1956 definitief werd, verzwakten de Chinezen de macht van de Dalai Lama opnieuw, door zijn aantal vertegenwoordigers terug te brengen. Het is waarschijnlijk dat de officiële installatie van het voorbereidend comité uitgesteld was omwille van de oppositie die er in Tibet bestond. Er was geen enkele wet die de kashag afschafte, maar hij werd door de Chinezen genegeerd.

De Tibetanen waren politiek niet bewust en kenden niets van politieke theorieën, maar ze hielden niet van de massale Chinese aanwezigheid en de veranderingen die men hen opdrong. De Dalai Lama schrijft dat hij tussen moest komen om geweld te voorkomen. De Mimang liet weer van zich horen. Er waren massabijeenkomsten om tegen de nieuwe organisaties te protesteren. Weer werden de Tibetaanse autoriteiten gedwongen de rebellenleiders te arresteren.

In november 1956 bezochten de Dalai Lama en de Panchen Lama India ter gelegenheid van de tweeduizendvijfhonderdste verjaardag van Boeddha. Aanvankelijk stonden de Chinezen hier weigerachtig tegenover. Ze stemden uiteindelijk toe omwille van het verzet van de bevolking van Lasa en de goede indruk die ze tegenover de andere boeddhistische landen wilden verwerven. In India besprak de Dalai

Lama de Tibetaanse situatie met Nehru. Hij verzocht hem in India te mogen blijven tot de Chinese politiek positieve veranderingen vertoonde, om zo morele steun te vinden in het buitenland en op die manier druk uit te oefenen op China. Nehru raadde de Dalai Lama aan terug te keren en de naleving van het Zeventien Punten Verdrag na te streven. De ontmoeting met de Chinese premier Zhou Enlai in Delhi bracht evenmin aarde aan de dijk. Na de terugkeer van de Dalai Lama in Lasa hield Mao Zedong een redevoering waarin hij een matiging aankondigde van de Tibetpolitiek. De opstand van 1956 in Kham, die de Chinezen niet de baas konden, is hier zeker niet vreemd aan. Er bleef tegenstand en niet alleen in Kham. De Tibetanen verzetten zich tegen de inkrimping van de macht van hun Dalai Lama, tegen de beginnende landtransfers en tegen de massa-immigratie van Han-Chinezen.

In 1958 veranderde de officiële houding tengevolge van de toegenomen rebellie. Er werd een opperste volksrechtbank opgericht en de militaire controle werd versterkt. De Tibetaanse regering kreeg eens te meer de raad reactionaire elementen te elimineren.

b. *Socio-economische situatie*

De consolidatie van de politieke macht bracht vergaande veranderingen met zich mee op socio-economisch vlak. Er werd een begin gemaakt met de landtransfers van de grootgrondbezitters naar de pachters en de landloze boeren. De landbouwers werden opgeleid om met landbouwmachines te werken. Nabij Lasa werd een experimentele boerderij omgevormd tot een experimenteel agrarisch centrum. Grondige agrarische veranderingen werden echter pas doorgevoerd na de opstand van 1959. Ook de nomaden konden relatief gezien nog op traditionele wijze blijven leven op de bergweiden. In 1958 deed men pogingen om hen zich op vaste plaatsen te doen vestigen. Er kwam veel tegenstand, de nomaden hielden niet van vaste verblijfplaatsen en nog minder van de Chinese controle die hiermee gepaard ging. De betere methodes van landbouw en veeteelt leidden niet tot een voedselsurplus omwille van de grote aantallen Han-inwijkelingen. Tussen 1954 en 1956 immigreerden zo'n 500 000 Chinezen naar Tibet.

De handel met India en Nepal gebeurde volgens het Sino-Indisch verdrag van 1954 en het verdrag met Nepal van 1856. Het volume van deze handel nam nog steeds af, terwijl die met China bleef bloeien. De controle van China op de Tibetaanse handel werd nu volledig. De band met China werd versterkt, terwijl de traditionele band met India, in het bijzonder en met andere landen in het algemeen werd verzwakt.

Op industrieel vlak begonnen de Chinezen ook vaste voet aan wal te krijgen. In 1956 opende men in Lasa een eerste kleine electriciteitscentrale van 600 kilowatt. Nog datzelfde jaar startte men in Shigatse een gelijkaardige centrale op. Er kwamen ook enkele kleine fabriekjes voor reserveonderdelen van vrachtwagens en tractoren en een steenbakkerij. In Centraal-Tibet, waar het het veiligst was en de transportmogelijkheden het best, begon men met de bouw van enige fabrieken. In 1958 nam men in de buurt van Lasa een steenkoolmijn in gebruik. De opbrengst was helemaal voor lokaal gebruik. In maart 1959 opende een ijzerverwerkende fabriek haar deuren. Men begon met export van mineralen: borax, bariet en ijzer. Deze industriële ontwikkelingen hadden weinig invloed op de Tibetanen. Het deed hun levenstandaard niet stijgen, want slechts weinig Tibetanen hadden de nodige opleiding om deel te kunnen nemen aan het industriële proces. De meeste fabrieksarbeiders waren dan ook Han-Chinezen. Bij de Tibetanen, zowel bij rijk als arm, wekte dit wrevel op.

Op het vlak van de gezondheidszorg werd nog verdere vooruitgang geboekt. Medische en vaccinatie-centra werden geopend en modern materiaal werd gebruikt. De Chinezen investeerden veel geld in deze sector. Rapporten tonen aan dat de Chinezen de 4 voorgaande jaar (voorafgaande aan april 1956) meer dan 5 000 000 yuan spendeerden aan de gezondheidszorg in Tibet. (We kunnen ons afvragen hoeveel hiervan voor de Tibetanen bestemd was en hoeveel voor de Chinese immigranten.)

c. *Cultureel-religieuze situatie*

In mei 1955 lanceerden de Chinezen een grootscheepse actie voor de secularisering van het onderwijs. Het curriculum was communistisch geïnspireerd. Daar het onderwijs traditioneel tot het domein van de kloosters behoorde, waren zij de eerste om vijandig te reageren op de nieuwe basisscholen. Maar niet alleen de monniken, ook het volk was het nieuwe onderwijs niet gunstig gezind. De redenen waren de volgende: ten eerste werd er geen onderscheid meer gemaakt tussen de klassen en ten tweede vreesde men dat de grote portie Marxisme en Leninisme op het programma de kinderen de traditionele waarden zouden doen vergeten. Er werden ook veel jonge Tibetanen naar de instituten voor nationale minderheden gestuurd. Ook hier was de opleiding Marxistisch.

Tibetaanse studenten in een instituut voor nationale minderheden.

Verklaringen van de internationale juristencommissie tonen aan dat de Tibetanen er helemaal niet op gesteld waren hun kinderen naar China te sturen. Men begon ook met beroepsopleiding, waarbij meer aandacht ging naar de ideeën van Mao dan naar de scholing.

Er werden in 1956 nieuwe jeugdorganisaties opgericht om de politisering van de jeugd te bevorderen.

De Chinese Boeddhistische Associatie, een nationale Boedhistische organisatie, opgericht in 1953, bedoeld om de overheid te helpen de politiek van godsdienstvrijheid uit te voeren, stichtte op 6 oktober 1956 een afdeling in Lasa. De Dalai Lama en de Panchen Lama werden tot erevoorzitters verkozen.

In hetzelfde jaar werden enkele Tibetanen toegelaten tot de Chinese communistische partij.

Men kan de kwaliteit van de invloed van de Chinese politiek zeker in vraag stellen. Het effect van de reoriëntatie op China ging vaak vlug teniet als de persoon in kwestie terug kwam in zijn oorspronkelijk milieu.

3. De opstand van 1959

a. Oorzaken en betekenis

De opstand van maart 1959 in en rond Lasa en de vlucht van de Dalai Lama zijn vaak uitvoerig beschreven. In februari 1959, nadat de Dalai Lama zijn laatste examens als doctor in de metafysica had afgelegd, nodigden de Chinese autoriteiten hem uit voor een culturele manifestatie in hun hoofdkwartier, ter gelegenheid van het Tibetaanse nieuwjaar. Daar de Dalai Lama zonder escorte was uitgenodigd, werd de regering achterdochtig en al gauw verspreidde zich allerlei geruchten onder de bevolking. Op 10 maart, de dag dat de Dalai Lama naar het Chinese kamp was uitgenodigd, begon de opstand, toen een menigte van 30 000 Tibetanen de Dalai Lama verhinderden Norbulinka te verlaten. Er waren massa-demonstraties, er heerste onrust en verwarring in Lasa en er waren verschillende schermutselingen. Op 17 maart verliet de Dalai Lama, vermomd als een dienaar, in het geheim het zomerpaleis en vluchtte naar India. Op 19 maart beschoten de Chinezen Norbulinka, de Potala en andere strategische plaatsen. Er volgde een tank- en artillerieaanval. Vele duizenden Tibetanen werden gedood en vele andere gevangen genomen. Op 20 maart werd de vlucht van de Dalai Lama door de Chinezen ontdekt, onmiddellijk werd de achtervolging ingezet maar op 29 maart bereikte de Dalai Lama veilig India.

Op 11 maart 1959 had de kashag Tibet éénzijdig onafhankelijk verklaard. Een andere belangrijke daad was het opzeggen van het Zeventien Punten Verdrag door de Dalai Lama op 20 juni van hetzelfde jaar. Door zich te mengen in het Tibetaanse politieke stelsel, de status en de functies van de Dalai Lama en de Panchen Lama aan te tasten en de vrijheid van godsdienst en de kloosters niet te eerbiedigen, hadden de Chinezen de overeenkomst van 23 mei 1951 overtreden.

Het was opvallend dat de gewapende strijd tussen Chinezen en Tibetanen in 1959 beperkt bleef tot Lasa en omstreken en dat slechts een klein deel van de Tibetaanse bevolking betrokken was bij het conflict. Alhoewel het een lokale opstand was, had hij verstrekkende gevolgen, omdat de regering van Centraal-Tibet en de Dalai Lama in de strijd betrokken waren. Lasa is voor de Tibetanen een symbool met een speciale betekenis. De uitgestrektheid van het land, de moeilijke verbindingen en het ontbreken van een georganiseerde oppositie verhinderden dat de strijd in Lasa zich uitbreidde tot een algemene opstand.

Wat zich in de hoofdstad afspeelde was het hoogtepunt van de incidenten die zich in de voorgaande jaren hadden voorgedaan. In Amdo en Kham waren in de jaren 1952-1953, zoals elders in China, hervormingen doorgevoerd, waarvan de rest van Tibet nog een zestal jaren gespaard bleef. In termen van de revolutionaire situatie was Kham echter niet méér klaar voor deze hervormingen dan de rest van Tibet. De bevolking van Oost-Tibet kwam in opstand. De schermutselingen veranderden niet in een grootse opstand omdat er geen hulp van buitenaf kwam. Maar het bleef onrustig en de hele toestand evolueerde in 1955-1956 tot een grotere opstand, de Kantingrebellie. Deze onrust verspreidde zich samen met de guerrillastrijders langzaam, eerst in 1958 naar Amdo en toen in 1959 naar Centraal-Tibet.

Sommige auteurs betwijfelen of de bevolking van Lasa zelf massaal heeft deelgenomen aan de strijd. Dit kan eventueel verklaard worden als het gevolg van een mengsel van apathie, vrees en traditionele politieke onderontwikkeling en aversie voor geweld van de gewone burger. De economische aspecten van de hervormingen werden verdragen, maar toen de religieuze basis, die de staat en maatschappij doordrong, bedreigd werd, steigerde de bevolking. Het effect van jarenlange propaganda en indoctrinatie hebben waarschijnlijk ook bijgedragen tot de vervreemding tussen de gewone man en de leidende klasse.

Belangrijk is dat de opstand zijn oorsprong vond bij Tibetanen uit andere delen van het land. Namelijk pelgrims die in Lasa waren vanwege het Tibetaanse nieuwjaar. En vooral bij de Khamba's, die bij de centrale regering bescherming zochten. De Khamba's waren krijgshaftige stammen, die zich steeds onafhankelijk hadden gedragen tegenover elk gezag. Ook tegenover de Dalai Lama ; Kham was een semi-onafhankelijk gebied. Ze waren, als gevolg van de Chinese druk, uiterst gespannen en elke aanleiding kon gewapend verzet uitlokken, hetgeen gezien de concentratie van deze guerillagroepen in en rond Lasa, onvermijdelijk de Dalai Lama en zijn regering in het conflict moest betrekken.

Naarmate de verhouding tussen de Chinezen en de Tibetanen verslechterde, groeide het nationaal gevoel. De Dalai Lama had geweld steeds afgekeurd, het kon slechts schade berokkenen aan de Tibetaanse zaak, gezien de overmacht van het Chinese leger. Hij spande zich in om, door onderhandelingen, compromissen en in laatste instantie door toegeving aan de Chinese eisen, bloedvergieten te voorkomen. Toen de revolte uitbrak, geïnspireerd, geleid en uitgevoerd door de Khamba-vluchtelingen, werd de Dalai Lama betrokken in een gewapend conflict dat hij uitdrukkelijk had afgekeurd. De figuur van de god-koning was voor de Khamba's, zoals voor alle Tibetanen, heilig. In de overtuiging dat de Dalai Lama in groot gevaar verkeerde, voelden ze zich verplicht tot actie, ook al was dat tegen zijn wil. De Chinese militaire overheid had de Dalai Lama uitgenodigd, zonder lijfwacht, een cultureel gebeuren bij te wonen in hun hoofdkwartier. Vele Tibetanen waren er van overtuigd dat dit een valstrik was om de Dalai Lama zijn zomerpaleis, Norbulinka, te doen verlaten. Ook verhinderden zij de besprekingen tussen de regering van Dalai Lama en het Chinese hoofdkwartier. Uiteindelijk was dit de aanleiding tot de gevechten met de Chinese troepen. De opstandelingen verplichtten hem zo hun zijde te kiezen, of op zijn minst zijn neutraliteit af te dwingen, zodat verdere toegevingen aan de Chinezen onmogelijk werden. Zo kreeg wat anders een plaatselijk incident zou zijn geweest, een veel belangrijkere betekenis.

Wat begon als een poging om de veiligheid van de Dalai Lama te verzekeren, evolueerde tot een heuse opstand onder invloed van de grote kloosters en de conservatieve elementen in Lasa, die de gelegenheid te baat namen de lokale regering in het conflict te betrekken. Dit moet gezien worden als een poging om de Chinese heerschappij een beslissende slag toe te brengen. Maar de Chinese militaire overmacht en het uitblijven van een massale reactie van de Tibetaanse bevolking maakten de kans op succes nihil. De Chinezen reageerden krachtig, op twee dagen tijd werd het Tibetaanse verzet gebroken. De guerilla bleef sporadisch nog op kleine schaal bestaan. De vlucht van de Dalai Lama gaf hen de gelegenheid hun absolute macht over heel Tibet te doen gelden. Ginsburg en Mathos zijn van mening dat de Chinezen geen poging deden om de Dalai Lama in handen te krijgen. Troepen werden uitgestuurd om te beletten dat op Tibetaans grondgebied een regering zou worden gevormd rond de persoon vàn de Dalai Lama. De Chinezen verklaarden dat de Dalai Lama ontvoerd was en lieten zo ruimte voor een eventuele terugkeer. In elk geval zou een dode Dalai Lama een martelaar zijn, wat onvoorspelbare gevolgen zou hebben. De centrale regering in Beijing was nu vastbesloten de lang uitgestelde hervormingen op politiek en sociaal vlak door te voeren. De socialisering kon beginnen. Zhou Enlai verklaarde op het tweede nationaal volkscongres dat de voorwaarden voor democratisering van Tibet gunstig waren. In een unanieme resolutie verklaarde het congres dat het de bedoeling van de centrale overheid was een welvarend, socialistisch Tibet op te bouwen.

b. *Gevolgen*

De 1959-rebellie was de onmiddellijke aanleiding voor de vlucht van de Dalai Lama naar India. De Dalai Lama verklaarde voor de pers dat hij uit vrije wil vluchtte. Dit werd door de Chinezen tegengesproken. Na een lange en harde reis kwam hij met zijn gevolg, zo'n 80 personen, op 29 maart aan in India, waar hij politiek asiel vroeg.

De val van Lasa samen met het nieuws dat de Dalai Lama in India was, waren het sein voor een massale uittocht naar het zuiden. Rijk en arm besloot, uit angst voor de toenemende Chinese onderdrukking, te emigreren. Het was een gok die ze niet allen konden winnen, want het gevaar was groot. Niemand zal ooit weten hoeveel Tibetanen er op deze reis naar de vrijheid omkwamen. Sommigen werden door de Chinezen opgepakt en ter plekke geëxecuteerd, terwijl hun kinderen naar China werden gestuurd. Anderen verhongerden of stierven van kou. Weer anderen bleven wonen in gebieden die door de Khamba's beheerst werden.

De Chinezen stuurden patrouilles naar de zuidelijke grens om de ontsnappingsroutes te blokkeren. Toch slaagden velen erin te vluchten. Men schat het aantal Tibetaanse vluchtelingen op circa 100 000. De meesten van hen verblijven sindsdien in India, anderen wonen in Zwitserland, de Verenigde Staten en Canada.

Ook kan de vraag gesteld worden naar de reactie van de wereld. In 1951 had de Dalai Lama reeds beroep gedaan op de Verenigde Naties. Dit was zonder gevolg gebleven. In 1959 was de houding van sommige landen veranderd. De internationale juristen-commissie verklaarde dat er daden van rassenmoord waren begaan tegen de Tibetanen als nationale, raciale, etnische en religieuze groep.

Op 9 september 1959 deed de Dalai Lama opnieuw een oproep bij de Verenigde Naties om de Chinese gruweldaden te stoppen. Hierin werd hij gesteund door de Verenigde Staten. Het Tibetaanse probleem kwam aan de orde in de vergadering van 21 oktober. Het communistische blok stemde negatief. De vergadering drukte haar bezorgdheid uit en nodigde de regering in Beijing uit de mensenrechten in Tibet na te leven en de religie, de cultuur en de autonomie die traditioneel bestond te respecteren. Maar de Verenigde Naties konden geen reële maatregelen nemen. China was toen nog geen UNO-lid en Tibet werd beschouwd als een deel van de Volksrepubliek. Ook waren de grootmachten niet ernstig geïnteresseerd in de Tibetaanse zaak. India was machteloos en wilde door een neutrale politiek zijn vriendschappelijke relaties met China veilig stellen.

HOOFDSTUK 6

SOCIALISTISCHE TRANSFORMATIES NAAR CHINEES MODEL: 1959-1966

1. Bestuur en administratie

In 1956 waren de ‚democratische' hervormingen uitgesteld voor een periode van zes jaar. Tibet was nog niet rijp voor dergelijke radicale hervormingen. De revolte schiep de gelegenheid om wat overbleef van het traditionele bestuur zonder meer op te ruimen. De staatsraad van de Chinese Volksrepubliek beval de ontbinding van de lokale regering van de Dalai Lama en maakte van het voorbereidend comité het belangrijkste Chinese controle-element. De Panchen Lama werd tot voorzitter benoemd van het voorbereidend comité, ter vervanging van de door de rebellen ontvoerde Dalai Lama'. Er werden twee pro-Chinese vice-presidenten benoemd en 16 nieuwe leden gekozen in plaats van de verraders.

Eenheden van het bevrijdingsleger kregen het bevel militaire controlecomité's op te richten in verschillende Tibetaanse steden, met uitzondering van Shigatse, waar de Panchen Lama heerste. De vroeger autonome administratie van de theocratie in Lasa werd opgeheven. Het aantal administratieve departementen werd van 6 tot 12 gebracht. Bij de bestaande departementen — religieuze zaken, burgerlijke zaken, financies, cultuur, opvoeding en openbare werken — werden nieuwe departementen — openbare gezondheid, industrie en handel, communicatie, landbouw en veeteelt, buitenlandse veiligheid en justitie gevoegd. De wijzigingen in de territoriale indeling van het land waren bedoeld om het traditionele, feodale pachtsysteem en de burgerlijke administratie tot op het laagste niveau te vervangen. De Tibetanen die ondertussen afgestudeerd waren aan de nationale instituten voor minderheden in China, werden ingeschakeld in de nieuwe administratie. Alhoewel ze een doorgedreven indoctrinatie hadden ondergaan, kregen de Tibetanen slechts ondergeschikte posities. 90 procent van de uit China teruggekeerde

Tibetaanse studenten was van lagere afkomst en 60 procent was lid van de partij of de jeugdliga. De Han en hun Tibetaanse collaborateurs hadden de sleutelposities in handen en hieden zo het volledige administratieve apparaat onder controle. Het had vanaf de basis tot het voorbereidend comité in Lasa een hiërarchische ordening en gecentraliseerde structuur naar Chinees model.

In 1962 besliste de regering dat er in Tibet verkiezingen moesten gehouden worden, als eerste stap van de overgang van democratische naar socialistische hervormingen. De Panchen Lama werd aangewezen als voorzitter van de organisatie van de verkiezingen in de autonome regio Tibet. In 1964 werd hij beschuldigd van verzet tegen het volk, het vaderland en het socialisme en hij werd afgezet. De centrale regering besliste in 1965 dat Tibet klaar was voor de status van autonoom gebied. Er werden verkiezingen georganiseerd voor het eerste volkscongres van het autonome gebied Tibet. Er werden 301 afgevaardigden gekozen: 226 Tibetanen, 59 Han en 16 leden van andere minoriteiten (Menpa, Lopa,Hui,...).

2. *Socio-economische situatie*

De Chinezen streefden ernaar via sociale hervormingen van Tibet een geïntegreerde component te maken van socialistisch China. In januari 1954 begon de Chinese pers een felle campagne, gericht tegen de decadentie van de vroegere leidende klasse. De noodzaak van sociale hervormingen werd zo duidelijk gemaakt. De Chinezen stelden zichzelf voor als de bevrijders van Tibet: het wrede sociale systeem gebaseerd op lijfeigenschap werd afgeschaft.

Tijdens de tweede zitting van het voorbereidend comité in juni 1959, werden de ,democratische' hervormingen aangekondigd. In een eerste fase zou alle rebellie worden onderdrukt, de lijfeigenschap en gedwongen arbeid worden afgeschaft en de pachtleden en intresten worden verminderd. Men noemt dit de drie anti's en de twee reducties politiek. In de tweede fase zou de grond worden herverdeeld. Vrijheid van godsdienst zou behouden blijven, maar men zou optreden tegen kloosters en tempels om de opstand te bestrijden en privileges en uitbuiting in te perken. Er werden boerenverenigingen opgericht, die de basis moesten vormen van het lokale bestuur in de landelijke gebieden. De boeren werden er toe aangezet zich aan te sluiten bij coöperatieven. Dit was de eerste stap naar collectivisering van de landbouw en de veeteelt. Zij zouden de basis zijn voor het uitoefenen van het leiderschap door het volk in het kader van de bovengenoemde politiek van de drie anti's en de twee reducties. Naar het voorbeeld van het Chinese communisme werd dus in de eerste plaats beroep gedaan op de boeren voor de revolutionaire strijd: mobilisatie van de boerenmassa en verhevigen van het klassebewustzijn.

Er werden aan de boeren verschillende voordelen toegekend, onder andere werden belastingen kwijtgescholden, werd er zaaigraan uitgedeeld en werden er goedkope leningen toegekend. De Chinezen wilden de lagere klassen voor zich winnen, een massa creëren. De landgoederen en het vee van de rebellen werden in beslag genomen.

De landhervorming was het tweede belangrijke luik van het plan tot omvorming van de Tibetaanse samenleving. De Tibetanen werden in 7 klassen ingedeeld: boeren, nomaden, stadsbevolking, handelaars, functionarissen, middelbare scholieren en volksscholieren. Elk van deze klassen werd op haar beurt onderverdeeld naargelang bezit, opleiding en politieke betekenis. De boeren die samen met de nomaden de meerderheid van de bevolking uitmaakten, werden ingedeeld in grondbezitters, grondbeheerders, rijke boeren, middenstanders, dagloners, lijfeigenen en reactionairen. De klasse-vijandige groepen werden onteigend. In juli 1959 besliste het voorbereidend comité dat nog slechts 20 % van de gronden in handen mocht blijven van de eigenaars, de overige 80 % zou in het bezit komen van de boeren zelf. De meerderheid van de landeigenaars werd onteigend, de braakliggende gronden werden verdeeld en in gebruik genomen door de boeren. Met uitzondering van de rebellen gebeurde de onteigening tegen vergoeding. En de kudden werden eveneens met uitzondering van die van de rebellen, aanvankelijk niet onteigend. Ook de kloosters werden ten voordele van de staat onteigend. In het totaal werden zo'n 600 000 hectaren grond in beslag genomen en verdeeld over circa 800 000 boeren. In februari 1960 was dit plan zo goed als gerealiseerd: minder dan één jaar na de revolte was de democratische hervorming grotendeels doorgevoerd.

Na de landhervormingen van 1959 kregen de boeren een eigen stuk grond. Om de productiviteit te verhogen werden onderlinge hulpteams opgericht om de grond te bewerken en het irrigatie-systeem te verbeteren. In november 1961 was reeds 90 procent van de boeren op deze manier georganiseerd. Alhoewel er een gunstig effect was op de productie, bleek de schaal waarop werd samengewerkt te klein om de irrigatie en de mechanisatie optimaal te realiseren. Ideologisch voerde men aan dat de nadruk teveel op de individuele economie lag. Vanaf 1962 richtte men landbouwcoöperatieven op, waarin hele dorpen verenigd werden. De grond bleef eigendom van de leden. De boer kreeg een loon voor zijn arbeid en een vergoeding voor de grond die hij inbracht in het collectief. De gronden van de coöperatieven werden als een geheel bewerkt met gemeenschappelijke landbouwwerktuigen. Op deze wijze creëerden de Chinezen gunstige voorwaarden voor het oprichten van collectieve boerderijen en uiteindelijk voor de volkscommunes. In 1964 begon men met de omvorming van coöperatieven in communes. De volgende jaren ging deze evolutie verder. Alhoewel de Tibetanen niet altijd enthousiast waren, had het coöperatieve- en communesysteem voordelen: ontginning van braakliggende gronden, uitbreiding van het irrigatiesysteem, betere landbouwmethodes en moderne technieken vonden ingang. De produktie nam sterk toe. Maar alleen in absolute zin: de output per capita daalde.

Zoals in China was ook in Tibet de landhervorming geen doel op zich, maar een revolutionaire techniek om de bezittende klasse te onteigenen. Tegelijkertijd wilde men de steun van de boeren verwerven vooraleer de landbouwcollectivisering door te voeren. De herverdeling van de gronden, de hulp aan de boeren en de produktietoename hebben ongetwijfeld een gunstige indruk gemaakt op de Tibetaanse boer. Maar de Chinese behoeften, voor het onderhoud van de Han in Tibet en voor export naar het moederland, hadden voor gevolg dat de stijging van de produktie alleen in absolute zin gold en de prijzen flink stegen. in 1962 was er in Tibet zelfs een voedseltekort (dit bleef tot 1974 bestaan).

Op het gebied van de veeteelt werd geen algemene verdeling doorgevoerd. Alleen de van de rebellen in beslag genomen kudden werden onder de herders verdeeld. Wel werd de helft van de opbrengst toegekend aan de herders om hun ijver te vergroten. De verplichte arbeid en lijfeigenschap werden ook hier afgeschaft. Het regime liet er geen twijfel over bestaan dat in de toekomst ook deze sector gesocialiseerd zou worden. Vanaf 1962 werkten 6 à 7 families schapenhoeders samen volgens het systeem van de onderlinge hulpteams. De Chinezen probeerden de nomaden op vaste woonplaatsen te fixeren, om hun controlemogelijkheid over hen te vergroten. Dit plan stootte op felle weerstand. De realisatie liet tot de zeventiger jaren op zich wachten.

De Chinese controle op de handel bleef toenemen tot ze omzeggens 100 % bedroeg. De traditionele handel met India, Nepal en Bhutan nam sterk af wegens de beperkingen die de Chinezen oplegden: import- en exporttaksen en wisselplafonds beperkten de bewegingsvrijheid voor handelaars. De handel met de buurlanden, behalve met China, hield zo goed als op. Het is weinig waarschijnlijk dat hij nog ooit zal opleven. Zelfs de traditionele smokkelroutes over de Indo-Tibetaanse grens bestaan niet meer.

Er werden 230 handelsbureaus opgericht die de verkoop van Chinese goederen en de inkoop van Tibetaanse produkten voor hun rekening namen. De Chinese produkten werden goedkoop verhandeld en voor de Tibetaanse waar werd relatief een goede prijs betaald. De handelsomzet steeg gevoelig. Toch was er inflatie als gevolg van de loonstijgingen en vooral ook van het recht op voorkoop van de Chinezen, die de lokale stocks ernstig aantastten. Dit was een voortzetting van de reeds vroeger vermelde aankooppolitiek van de Chinezen. De behoeften van de Han waren na de opstand nog aanzienlijk toegenomen, daar hun aantal zowel in het leger als in de administratie steeg. Ook was er de verplichte overdracht van vee aan coöperatieven. Dit verplichtte de Tibetanen, bij gebrek aan wol, hun kleding en dekens aan te kopen. De voor Tibet kenmerkende autarkie werd verstoord.

De gewone Tibetanen kregen een (te) klein maandelijks rantsoen van levensmiddelen. De levensstandaard ging er dus helemaal niet op vooruit. Bijvoorbeeld: 22 pond tsampa (gerst) per arbeider.

Het wegennet werd nog uitgebreid en verbeterd. In 1965 waren reeds 14 000 kilometer weg aangelegd. Ten opzichte van 1955 was de intensiteit van het vrachtvervoer vijftien maal toegenomen. De wegen stonden praktisch uitsluitend in dienst van het Chinese leger dat ook het voertuigenpark in handen had. De gewone Tibetanen bleven aangewezen op lastdieren. Er waren voor hen ook geen busdiensten. De noden van de lokale bevolking en de economische ontwikkeling van het gebied kwamen pas op de tweede plaats.

De luchtverbinding tussen China en Tibet, waaraan in 1956 begonnen werd, werd in 1959 uitgebreid met twee landingsbanen aan de zuidgrens. De postdienst werd evenals de telegraaf en telefoon uitgebouwd in de jaren 1959 tot 1966.

De Chinezen stimuleerden de ambachten en de industrie. De staat steunde de ambachtslui van Lasa, Shigatse en Gyantse financieel, om hen in staat te stellen meer gereedschap en grondstoffen aan te kopen.

Belangrijk voor de ontwikkeling van de industrie was het bouwen van waterkrachtcentrales. Na een kleine centrale van 600 kilowatt uit 1956 werd nu een centrale gebouwd van 7500 kilowatt, die in 1962 met een generator werd uigebreid.

De cementfabriek van Lasa.

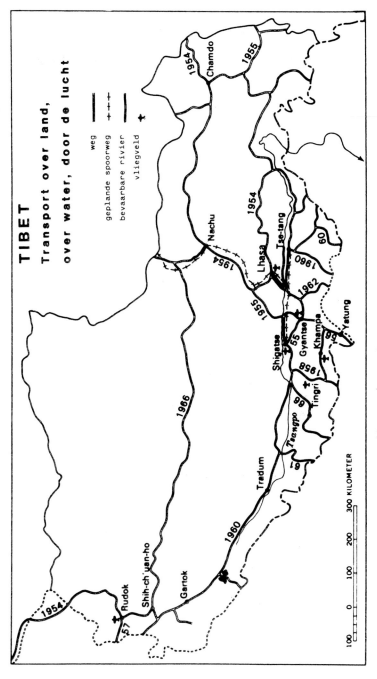

Net van communicatiewegen anno 1966.

Verspreid over verschillende streken ontstonden kleine wol- en lederverwerkende fabriekjes. Er kwamen nieuwe industiële activiteiten: een porseleinfabriek, zoutmijnen, een machinale houtzagerij, hoogoven, cementfabriek, olieperserij. Er kwamen herstelplaatsen voor auto's, vrachtwagens en landbouwmachines.

Men ondernam grote bouwwerken, zoals het ziekenhuis en het stadion van Lasa en het residentieel centrum van Shigatse. Het aantal tewerkgestelde Tibetaanse arbeiders verdubbelde van midden 1954 tot midden 1961, van 12 000 tot 24 000. ‚In 1966 waren er 26 000 Tibetaanse arbeiders in de lokale industrie. 8000 van hen waren geschoolde lassers, draaibankwerkers en monteurs.' Het functioneren van de fabrieken was grotendeels afhankelijk van Han-technici en arbeiders, leden van het Volksbevrijdingleger, alhoewel de Chinezen de eerste generatie Tibetaanse technici al hadden opgeleid. Een gevolg van het ontstaan van een Tibetaanse arbeidersklasse was het oprichten van vakbonden. Dit gebeurde reeds vanaf juni 1960. Het feodale gildensysteem werd afgeschaft en in de plaats daarvan kwamen 16 syndicaten.

Een zeer hoog percentage ambachtslui sloot aan bij coöperatieven. In 1960 zou reeds 96 procent van alle ambachtslui aangesloten zijn. 26 verschillende ambachten waren vertegenwoordigd.

De Panchen Lama zei dat de medische faciliteiten tussen 1959 en 1960 veel verbeterd waren. Zowel het aantal medische diensten als het verzorgend personeel breidden zich uit. De gezondheidszorg die vanaf nul begonnen was, groeide nog steeds.

3. Cultureel-religieuze situatie

In het onderwijs werden de kloosters, de traditionele onderwijscentra, volledig uitgeschakeld en vervangen door een seculier net van lagere en middelbare scholen. In 1960 waren er circa 1100 lagere scholen en circa 900 middelbare scholen met 33 000 leerlingen in het basisonderwijs. In 1961 werd in Lasa de eerste normaalschool geopend, een landbouwschool bestond al vanaf 1959.In 1962 liepen er volgens de officiële Chinese gegevens 57 000 kinderen school. Verdere uitbreiding was afhankelijk van de vorderingen in de scholenbouw. In 1965 waren er 73 600 scholieren. En in 1971 83 000. Het onderwijsprogramma was geïnspireerd op de Chinese communistische opvoedingspolitiek. Het

94

onderwijs werd gecombineerd met politieke indoctrinatie, het was een instrument om de Chinese communistische ideologie ingang te doen vinden bij de jongeren. De taal die in het onderwijs gebruikt werd was voornamelijk Chinees. Enkel in de lagere scholen van Centraal-Tibet werd gedurende enkele jaren Tibetaans onderwezen en dan nog uitsluitend als transmissiemiddel voor Mao's leer. Weinig Tibetanen konden zich middelbare of hogere studies veroorloven. Voor kaderopleiding werd men naar de minderheidsinstituten in China gestuurd. Ook hier was de voertaal Chinees en werd 3/4 van de tijd aan communistische ideologie en regeringspolitiek besteed. Zodra ze Tibetaanse teksten in het Chinees konden vertalen, werden de Tibetanen teruggestuurd om in de administratie dienst te doen. Tibetanen kregen geen kans om in China of het buitenland aan een universiteit te studeren.

Ook meer algemeen werd de ideologische opvoeding van de massa verder uitgebreid. Propaganda-campagnes via pers en radio werden aangevuld met een grote waaier ‚sociale en culturele’ organisaties. Men wou een zo groot mogelijk deel van de massa bereiken. Na een tijdelijke verzwakking van de aktiviteiten van de reeds bestaande organisaties tussen 1957 en 1959, werden deze na de revolte terug meer actief en

Jeugdmanifestatie, een optocht achter de Chinese vlag.

werden ze nog aangevuld met nieuwe groeperingen. Pas na het in gebruik nemen van de wegverbindingen met China in 1954 kon men drukpersen installeren in Tibet. In 1955 werd de eerste gedrukte krant uitgegeven. Ook politieke jeugdorganisaties breidden hun activiteiten verder uit. Ze werden de Young Pioneers genoemd.

Er werd één gespreksgroep per familie opgericht om te discussiëren over de onderdrukking door de vroegere feodale heersers en de vooruitgang die de Chinezen brachten. Dit is de door de Tibetanen zo gevreesde thamzing, die vaak ontaarde in fysische en psychische martelsessies. In de steden werd een complex net van comité's, gaande van straatcomité's tot stadscomité's opgericht met hetzelfde doel. Deze beschuldigingsbijeenkomsten werden regelmatig overal in Tibet gehouden. Monniken en ex-landeigenaars of leden van de adel werden er openbaar beschuldigd, vernederd en gestraft. Alhoewel de vroegere ,slaven' over het algemeen wel te klagen hadden over de behandeling door hun meesters, werden vele van de beschuldigingen geuit onder druk van de omstandigheden. Dit blijkt uit interviews van verschillende journalisten met Tibetaanse vluchtelingen. De Tibetanen waren ook helemaal niet tevreden over de Chinese maatregelen om het land te verdelen en het feit dat de waardevolle bezittingen door de Chinezen in beslag werden genomen en niet onder de Tibetanen werden verdeeld. De Chinese propaganda richtte zich eveneens tegen de religie die werd voorgesteld als een instrument in handen van de verdrukkers om de massa uit te buiten. Het Volksdagblad schreef in mei 1959: *,Religie is vrij maar men moet een strikt onderscheid maken tussen de religie van de massa enerzijds en het gebruik van de religie door de reactionaire klasse anderzijds. Aangezien religie een mentale houding is, volstaan administratieve maatregelen en verbodsbepalingen niet: de geest van de massa moet bewerkt worden'.* De verwijzing naar de rol van de kloosters in de revolutie is duidelijk. De religie, het Boeddhisme, is een grote hinderpaal voor de integratie van Tibet in de Chinese Volksrepubliek. Het kon dus verwacht worden dat de Chinezen acties zouden ondernemen tegen de machtige religieuze centra, zelfs tegen de kloosters die niet aan de opstand hadden deelgenomen. Allen Sera en Drepung, vlakbij Lasa waren min of meer direct bij de opstand betrokken geweest. In Oost-Tibet waren veel kloosters regelmatig betrokken in lokale schermutselingen.

Niettegenstaande de aloude rivaliteit tussen kloosters en kloosterordes, vertegenwoordigden ze allen samen een organisatie. Dit georganiseerde systeem baseerde zijn autoriteit op transcendente kennis, het monopolie van de vertolking van de goddelijke wetten van het universum en de daaruit voortvloeiende plichten van de gelovige.

Tot 1959 waren de kloosters in Centraal-Tibet gespaard gebleven, maar na de opstand werden ook zij in het hervormingsproces betrokken. De democratische hervormingen waren immers bedoeld om het traditionele leiderschap uit te schakelen. Die bestonden uit de drie anti's: anti-rebellie, anti-feodale prerogatieven en anti-verdrukking. De lokale volksregering in Tibet voelde zich in mei 1961 sterk genoeg om volgende aankondiging te doen : *,Panchen Erdini stelt vijf punten voorop voor het werk van de kloosters tijdens de democratische hervormingen. Het zijn: de kloosters moeten de uitbuiting stopzetten, de kloosters moeten een democratische administratie hebben, de kloosters moeten de wetten en regelingen van de centrale regering navolgen alsmede de grondwet van de Chinese Volksrepubliek, de kloosters moeten productief zijn en de regering garandeert het inkomen van oude en jonge lama's en van de professionele sutra- declameerders. Deze vijf punten zijn uitstekend en zijn stap voor stap uitgevoerd in het werk van de kloosters.'* [1].

De inbeslagname van de gronden en de emancipatie van de ,slaven' ontnam de kloosters hun economische basis. De monniken waren nu afhankelijk van de overheid voor hun levensonderhoud. Een uitstekende uitgangspositie voor Beijing om het de Tibetaanse kloosters bijzonder moeilijk, zo niet onmogelijk te maken verder te blijven bestaan. Atheïstische propaganda, verarming van de kloosters en de verplichting voor de monniken productieve arbeid te verrichten heeft zeker het zijne daartoe bijgedragen. De novicen bleven inderdaad weg en het aantal monniken daalde. Men mag niet vergeten dat het toetreden tot de kloostergemeenschap in het traditionele Tibet een vorm van sociale promotie was. Vele kloosters waren een jaar na de opstand reeds nagenoeg leeg. De macht van de kloosters als soci-politieke organisatie was gebroken. Formeel bleef de religie echter behouden. De Chinese Boeddhistische Vereniging hield toezicht op de kloosters. Sommige werden hersteld en zekere religieuze activiteiten werden weer toegelaten. Andere kloosters werden omgevormd tot musea of gebruikt als scholen en magazijnen.

[1] G. GINSBURGS, M.G. MATHOS, p 183-184

Weinig of geen buitenstanders kregen toestemming om de situatie van de Tibetaanse monniken en kloosters te observeren. Vluchtelingen vertellen dat niemand het zeer populaire ,Om Mani Padme Hum' durfde te zingen, zelfs niet in familiekring.

De mystieke formule ,,Om mani padme hum''.

De Tibetaanse communistische partij, opgericht na de Chinese machtsovername, recruteerde haar leden in belangrijke mate onder de jonge Tibetanen die in China een opleiding hadden gekregen. Enerzijds leverde een lidmaatschap van de communistische partij voordelen op, maar anderzijds hielden de Chinezen streng toezicht op de partijtucht. Voor velen wogen voordelen als grotere rantsoenen, betere woningen, medische verzorging en onderwijs niet op tegen de Chinese spionnen en het onderlinge wantrouwen onder de Tibetanen.

In 1965 was Tibet nagenoeg omgevormd naar Chinees model: bestuur, handel en industrie, verbindingen, opvoeding, politiek en sociale organisaties, gezondheidszorg enzovoort, waren volledig in Chinese handen die, daar het land onderontwikkeld was, verplicht waren op grote schaal hulp te verlenen. Dit gebeurde niet altijd en soms was zelfs het tegendeel waar.

HOOFDSTUK 7

DE CULTURELE REVOLUTIE: 1966-1976

Na de opstand van 1959 werden de democratische hervormingen doorgevoerd. In 1965 werd de autonome regio Tibet officieel opgericht als integraal deel van de Chinese Volksrepubliek. De meerderheid van het Tibetaanse volk onderging deze verandering van politieke status vrij passief. In de zomer van 1966 begon echter de culturele revolutie, die ook voor Tibet belangrijke gevolgen zou hebben.

Voor een goed begrip van de gebeurtenissen in Tibet is het nuttig aandacht te besteden aan de ideologische grondslagen van de culturele revolutie en de machtsstrijd in de Chinese communistische partij.

1. *Algemene beschouwingen: De culturele revolutie, haar aanleiding en doelstellingen*

Na het ontstaan van de Volksrepubliek China in 1949, volgde een periode van consolidatie van de nieuwe machtsstructuur en van wederopbouw met steun van de Sovjetunie. Deze samenwerking leidde echter niet tot sovjetisering. Integendeel, het Chinese etnocentrisme trad vrij vlug op de voorgrond. De ,Grote Sprong Voorwaarts' van 1958 betekende een breuk met het sovjetmodel en het verwerpen van elke vorm van ondergeschiktheid aan een vreemde mogendheid. Mao's houding was onder andere beïnvloed door een halve eeuw ongelijke relaties tussen de broederlijke partijen in het wereldcommunisme. China zou op eigen kracht zorgen voor zijn economische ontwikkeling en zich een plaats veroveren in de wereld. De Chinese communistische partij streefde naar een politiek die paste bij de Chinese werkelijkheid, haar denkwijze, ervaring en omstandigheden en die gebaseerd was op het initiatief en de creativiteit van de Chinese partij en het Chinese volk. Onontbeerlijk was daarbij het ontwikkelen van een sterk proletarisch bewustzijn en een revolutionaire houding. Mao was overtuigd van het fundamentele belang van de mentaliteit van de burgers en hun houding tegenover de politiek van de Chinese communistische partij. De verandering van de mens was de kern van de revolutie. De basis leverde de ideeën, de partij werkte ze uit tot bruikbare richtlijnen, dit was het principe van het ‚democratisch centralisme'.

In 1959 reeds bleek dat niet aan de verwachtingen kon worden voldaan. Dit leidde tot scherpe tegenstellingen in de communistische partij. Mao deed aan zelfkritiek maar behaalde toch het overwicht op zijn kritici, aangezien de meerderheid van het centraal comité niet geneigd was de politiek van Mao openlijk af te keuren. De voornaamste tegenstander van Mao was Peng Dehuai, de toenmalige minister van landsverdediging. Wel werd de orde en de discipline in de economie hersteld. De door Mao gelanceerde sprong had afgedaan.

De slechte oogst van 1960 leide tot hongersnood, onrust in het land en spanningen in de partij-top. De groep rond Liu Shaoqi was voorstander van een evenwichtige economische ontwikkeling , handhaving van rust en orde en een goed georganiseerde partij. De groep rond Mao steunde op de idee van de permanente revolutie van de massa en op de klassenstrijd. Lin Biao, de nieuwe minister van landsverdediging, die tot deze groep behoorde, verzekerde Mao van de controle en medewerking van de strijdkrachten. Mao streefde ernaar zijn invloed in het volksbevrijdingsleger uit te breiden en het te gebruiken als belangrijkste instrument voor het verspreiden van zijn gedachten. Lin Biao zag het leger eerder als een grote school voor het verspreiden van de gedachten van Mao. Met het leger achter zich leverde Mao strijd tegen het revisionisme in de partij, namelijk tegen de rechtervleugel die volgens Mao overhelde naar kapitalisme en die bourgeois ideeën had. De partij moest van de basis tot de top uitgezuiverd worden.

In 1962 begon de socialistische opvoedingscampagne die duurde tot 1965 en daarna geleidelijk overging in de culturele revolutie. Het doel van de campagne was de misdaden van de vijandige klassen, zoals oude landeigenaars, rijke boeren, oude en nieuwe bourgeoisie op te sporen en de massa mobiliseren voor de revolutionaire strijd. Zowel de kaders als de volksmassa moesten opgevoed worden door deelname aan de strijd en door studie. Want de kaders moeten rood zijn en expert. Zo kon voorkomen worden dat de partij degenereerde tot revisionisme of fascisme. Het volksbevrijdingsleger was de hoeksteen van de dictatuur van het proletariaat. Het leger had strijdervaring, politieke maturiteit en organisatie-bekwaamheid. Het was het symbool van de rurale werkelijkheid, die een essentieel element was in de Chinese revolutie.

De doelstellingen van de beweging varieerden in de loop der jaren ten gevolge van spanningen in de partij-top. Onder invloed van Liu Shaoqi en Deng Xiaoping legde men de nadruk op het belang van de controle van de hogere partijkaders over de basis, want het succes van het revolutionaire werk was afhankelijk van de kwaliteit van de partijorganisatie. Dit leidde tot een grote zuivering in de lagere partijkaders.

Mao reageerde met een richtlijn die de strijd in de eerste plaats richtte tegen de machthebbers in de partij die de kapitalistische weg opgingen. De kaders moesten onder controle staan van zowel boven als beneden. De ,vier zuiveren': zuivere politiek, zuivere economie, zuivere organisatie en zuivere ideologie, werden gelanceerd. In feite was het een uitnodiging om gelijk wie aan te vallen die verdacht werd van een verkeerde politieke oriëntatie. Het was de aanloop voor de komende culturele revolutie, die volgens Mao beslissend zou zijn voor de machtsverhoudingen binnen de partij en voor de toekomst van de Chinese revolutie.

De culturele revolutie begon in mei 1966 met de kritiek van het centraal comité op de burgemeester van Beijing, Peng Cheng, gevolgd door het 16 punten programma van de partij, waarin de strijd tegen de ,vier ouden': ideeen, traditie, cultuur en gewoonten werd aangekondigd. De rode gardes werden opgericht en verspreidden zich van de steden naar het platteland. Mao gaf hen volgende leuze mee: ,De wereld is van ons, de natie is van ons, de gemeenschap is van ons.'
De doelstellingen van Mao waren tweevoudig. Enerzijds wou hij de machtsstructuren in de samenleving veranderen, namelijk de afhankelijkheid van de massa van de partijelite verminderen, dit is de culturele revolutie in enge zin. Anderzijds wou hij een onherroepelijke transformatie van de denkwijze en het gedrag van het Chinese volk, dit is de culturele revolutie in brede zin.

2. Bestuur en administratie

In Tibet had de culturele revolutie twee facetten. Vooreerst was er de interne machtsstrijd binnen de Chinese communistische partij. Deze had als zodanig een directe politiek betekenis. Anderzijds was er de strijd tegen oude Tibetaanse ideeën en waarden die de omvorming van de samenleving in socialistische zin in de weg stonden.

Reeds in augustus 1966 werden de eerste rode gardes naar Lasa overgevlogen. Het waren studenten van de Beijingse universiteiten, die voorstanders waren van de radicale strekking van de onvoorwaardelijke hervorming van de samenleving volgens de opvattingen van Mao. Deze ‚revolutionaire rebellen’ ageerden met steun van Mao en zijn vrouw Jiang Qing, tegen de traditionele samenleving.

In Tibet recruteerde deze harde kern haar aanhang voornamelijk onder de Chinese arbeiders en de Tibetaanse scholieren.

Sommige Chinese generaals en eenheden van het volksbevrijdingsleger steunden de groep die de naam ‚Gyemlog’ kreeg. Het radicale standpunt van de Gyemlog leidde vlug tot een conflict met de ‚Grote Alliantie, de Nyamdel, een meer gematigde strekking in de culturele revolutie. De ‚Nyamdel’, groepeerde hen die van mening waren dat alleen een politiek van geleidelijke hervormingen, rekening houdend met de lokale omstandigheden, realistisch was. Tot deze groep behoorden de partijkaders die al jaren in Tibet werkten, sommige generaals en een aantal Tibetanen. Ze werden gesteund door Liu Shaoqi en Deng Xiaoping. Het kwam meermaals tot een gewapende strijd tussen de Gyemlog en de Nyamdel. Men meldt dat er ongeveer 800 doden vielen, meestal Tibetanen.

De radicale Gyemlog domineerde aanvankelijk en nam het initiatief in de strijd tegen de traditionele Tibetaanse cultuur in al haar aspecten. De rode gardes veranderden straatnamen, organiseerden volksvergaderingen, verspreidden Mao’s rode boekje in het Tibetaans, doodden katten en honden, verboden de bloemen op de vensterbanken, traditionele familienamen werden vervangen door revolutionaire namen, traditionele kledij en religieuze voorwerpen werden bespot en verboden. Op 12 augustus 1966 meldde het Chinese persagentschap dat in Tibet de eerste 28.000 boeken ‚Woorden van voorzitter Mao’ in Tibetaanse vertaling, verdeeld werden. Dit steunt op de idee van de opvoedbaarheid van de mens tot een goed lid van een socialistische samenleving. In de steden werden grote rode affiches en portretten van Mao opgehangen. Benden rode gardes, hoofdzakelijk jonge Tibetanen onder leiding van Chinezen, begonnen met systematische plunderingen en vernieling van tempels en kloosters. Waardevolle materialen, zoals zilver, goud en edelstenen werden vooraf door de Chinezen geroofd en naar China gebracht of in

Veel kloosters en tempels zijn tijdens de culturele revolutie onherstelbaar vernield.

Nepal verkocht. Zelfs Ngabo, voorzitter van de Tibetaanse regering, spreekt van het vandalisme in de culturele revolutie. Het waren donkere jaren voor de Tibetanen, erger dan alles wat tot dan toe gebeurd was.

,Het donkerste hoofdstuk in de geschiedenis van het land' [1]

,... Het was een traumatische ervaring voor de meeste Tibetanen en leidde voor velen van hen, die tot dan toe, in staat waren geweest te leven

---

[1] LEHMANN, P.H., ULLAL, J., 1981, p. 303

met de veranderingen in het land, tot een onomkeerbare vervreemding (van de Chinezen),'[2]

De rode gardes oefenden een ware terreur uit tegenover al wie verdacht werd te behoren tot, of steun te geven aan de reactionaire klasse. Lama's en grootgrondbezitters werden hard aangepakt, maar ook de gewone burgers, zelfs Tibetaanse communisten, werden vervolgd. Verschillende Tibetaanse communisten werden geliquideerd omwille van hun Tibetaanse nationalisme. De openbare aanklachten en de afgedwongen zelfkritiek werden velen noodlottig.

Generaal Zhang Guohua, commandant van de troepen en de hoogste functionaris van de partij, leunde aan bij de Grote Alliantie. Hij was verantwoordelijk voor het handhaven van rust en orde en beschouwde de activiteiten van de rode gardes als gevaarlijk en uitdagend. De rode gardes verplichtten hem tot zelfkritiek, hij werd beschuldigd van plichts-verzuim, kapitalistische neigingen en machtsconcentratie. In het kader van de culturele revolutie was er geen plaats voor onderscheid tussen het gewone en het bijzondere, de gedachten van Mao moesten overal op uniforme wijze worden toegepast. Een commando revolutionaire rebellen van het volkscomité slaagde er al in 1966 in de administratie van generaal Zhang tijdelijk buiten spel te zetten. Pas in maart 1967 slaagde deze erin, met steun van eenheden van het volksbevrijdingsleger, het bestuur opnieuw onder controle van het leger te brengen. Er werd een Tibetaans revolutionair comité gevormd om het bestaande bestuurs-systeem te vervangen. Het was een institutionalisering van de culturele revolutie, een orgaan voor het uitoefenen van de controle van de partij over het bestuur. Op het vlak van de provincies en de districten vervingen de revolutionaire comité's de volksraden en andere organen, waardoor ook de afgelegen gebieden onder invloed kwamen van het nieuwe gezag.

Tussen augustus 1966 en augustus 1968 voerde men een zuivering door binnen de lokale administratie. Alle Tibetanen die belangrijke posten bekleedden, werden uit hun functies ontzet. Alleen één van de vice-presidenten van de autonome regio Tibet, Phag-palla Gelek, een Chinese protégé, bleef aan. Zelfs de voorzitter van de Tibetaanse

[2] MULLIN, C., 1978, p. 9

regering liep gevaar. *,Het was me toen (tijdens de culturele revolutie) moeilijk mijn werk in Tibet verder te zetten.'* ,Eerste minister Zhou Enlai stuurde een vliegtuig om me naar Beijing te brengen'[3].

In de loop van 1967 werd generaal Zhang overgeplaatst naar Sichuan en vervangen door generaal Zeng Yong-ya. Generaal Zeng werd in september 1968 voorzitter van het revolutionair comité. In dit comité kwam een politiek compromis tot stand tussen verschillende fracties in Tibet, maar het leger behield een dominerende en beslissende rol. Hiermee werd de greep naar de macht van de culturele revolutie tot staan gebracht. In 1969 riep het Tibetaanse revolutionaire comité op tot

Dien Bao was tot 1980 voorzitter van de Tibetaanse regionale regering en lid van de centrale commissie van de Chinese Communistische Partij.

[3] NGABO NGAWANG JIGME, 1981, p. 16.

vrede tussen de rivaliserende partijen, maar verdeeldheid en anarchie bleven Tibet teisteren.

De centrale regering stuurde Dien Bao, een ambtenaar van Tibetaanse afkomst, als vice-voorzitter van het revolutionaire comité, naar Tibet. Het leger trad op tegen de Gyemlogfractie en arresteerde de harde kern van deze groep. Hierdoor kwam er een einde aan de ergste uitwassen van de culturele revolutie.

Beijing stelde kredieten ter beschikking voor het herstellen van de voornaamste historische monumenten en versoepelde haar politiek op het vlak van de religie.

Vanaf eind 1971 bleek dat het hele netwerk van gezag op politiek en economisch vlak, zowel in theorie als in praktijk, terug onder controle van de partij werd gebracht. De Mao-cultus, die dienst had gedaan als wapen tegen de partij-bureaucratie, werd geleidelijk aan afgebouwd.

De val van de Bende van Vier eind 1976, die het definitieve einde betekende van de culturele revolutie, had voor Tibet geen onmiddellijk effect. Duizenden Han-chinezen, militairen, rode gardes, ambtenaren en arbeiders overspoelden Tibet. In Amdo en Kham was de meerderheid van de bevolking nu Chinees. In Lasa waren er voor 40.000 Tibetanen 120.000 Chinezen. Men leefde nog steeds onder de verplichtingen opgelegd tijdens de culturele revolutie: reisverbod, arbeidsplicht, zware belastingen en rantsoenering van levensmiddelen en verbruiksgoederen. De Chinese ambtenaren stuurden optimistische rapporten naar Beijing, die door de centrale regering zonder meer werden aanvaard, omdat in een communistisch regime informatie deel uitmaakt van de propaganda-campagne van de partij.

3. Socio-economische situatie

De culturele revolutie gaf voorrang aan de ideologie. De informatie over de evolutie op socio-economisch vlak, die in deze periode verspreid werd, geeft daardoor een vervormd beeld van de realiteit. De Chinezen berichtten over de enthousiaste inzet van het volk in de strijd volgens de gedachten van Mao, tegen de reactionairen en tegen de armoede. Dit wil echter niet zeggen dat er geen veranderingen in de betekenis werden ingevoerd.

Tijdens de culturele revolutie werd in Tibet het systeem van de landbouwcommunes op grote schaal ingevoerd. De eerste commune was al in juli 1965 opgericht in Donggar. Deze commune verzamelde 120 boerengezinnen in een collectief met in totaal 470 personen. Ze bewerkten 167 hectaren grond verspreid over 4 dorpen. In dezelfde periode richtte men ook de commune van Bhundui op, met 428 leden en 201 hectaren grond verspreid over 3 dorpen. In de communes was de grond collectief bezit. Slechts een kleine oppervlakte in de onmiddellijke omgeving van het woonhuis bleef privé en beschikbaar voor eigen teelt. In de commune van Rinoche bijvoorbeeld was de oppervlakte privé grond groot genoeg om 4 kilogram graan te zaaien en kreeg men één koe in vruchtgebruik voor 4 personen. De communes werden beheerd door een administratief comité, dat ook verantwoordelijk was voor de lokale administratie en de partijwerking. Een commune was ingedeeld in produktiebrigades, de vroegere dorpen, en deze op hun beurt in werkteams. Het werkteam was een boekhoudkundige eenheid voor het bijhouden van prestaties (werkpunten), opbrengst en verdeling van de oogst. Deze werkteams waren de eigenaars van de grote landbouwwerktuigen, het kleine gerei bleef persoonlijk bezit.

De communes beheerden ook de lagere scholen en de gezondheidscentra. Elke commune beschikte over een lokale eenheid van de volksmilitie, samengesteld uit leden van de commune. Er waren werkplaatsen voor onderhoud en herstel van werktuigen en ambachtelijke activiteiten (bijvoorbeeld: weven). Later verzekerden de communes ook de electriciteitsvoorziening met behulp van kleine hydro-electrische centrales. De commune van Bhundui had bijvoorbeeld een water-centrale van 10 kilowatt.

De verbetering van de landbouwtechniek, de materiële steun van de regering in Beijing en de ontginning van braakland leidden tot produktieverhoging. Chinese bronnen spreken van verdubbeling tot verviervoudiging van de totale landbouwopbrengst en het totale aantal stuks vee tussen 1959 en 1970, en van een verdrievoudiging van de graanopbrengst per hectare tussen 1972 en 1977 in de Gyaepa commune. Wel voegt de auteur er aan toe dat de produktie in 1972 zo laag was dat velen honger hadden. De verklaring wordt gezocht in de ongeregeldheden tijdens de culturele revolutie. Na de val van de Bende van Vier steeg de produktie, nog steeds volgens dezelfde auteur, zeer snel, zonder daarvoor een nadere verklaring te geven. Een cijfersynthese leert het volgende:

	1961	1964	1965	1972	1974	1975	1976	1977
Opbrengst in kg/ha	1470	2626	2900	2070	3000	3750	6180	7000

In 1975 waren er reeds communes in 93 % van de districten, zowel voor landbouw als voor veeteelt. De cijfers die door Chinese bronnen vermeld worden, vragen uiteraard enig voorbehoud, maar een toename, zij het bescheiden, ten gevolge van de moderniseringen die de Chinezen doorvoerden was normaal. De vraag was of deze vooruitgang voldoende was om de behoefte te dekken, gezien de bevolkingstoename van Tibetanen en Han. Er waren toendertijd 120.000 Han-burgers en 250.000 Chinese militairen in Tibet.

Vluchtelingen meldden herhaaldelijk dat er voedseltekorten waren. In haar verslag bevestigde de afvaardiging van de Dalai Lama dat er zelfs in 1979 voedseltekort was.

Over de vergoeding van de boeren van een commune lopen de meningen uiteen. Volgens Paljor kreeg een goede arbeider 180 kilogram gerst per jaar. Een gemiddelde arbeider kreeg 156 kilogram gerst per jaar.

Een andere auteur stelt dat men in 1963 voor het bepalen van de belastingen het 2-8 systeem volgde. Namelijk opbrenst gedeeld door 10 en de belastingen bedroegen dan 2/10 van de theoretische opbrengst (= 7,14 keer het zaaigoed). De overige 8/10 werden dan nog verminderd met 2/10, voorbehouden voor zaaigoed en reserves, zodat er nog 6/10 beschikbaar bleef voor de commune. Maar de werkelijke opbrengst lag lager dan 7,14 keer het zaaigoed, namelijk tussen 3 en 5 keer het zaaigoed.

T. Dorjee, een voormalige boekhouder van een commune, die in 1977 naar India vluchtte, vertelt dat veel Tibetanen zelf niet precies wisten hoe het systeem van belastingen en vergoedingen werkte. Hij geeft een voorbeeld, dat samengevat hierop neerkomt:

– staatsbelasting op graan:	6 %
– zaaigraan:	24 %

	30 % van de theoretische opbrengst, te voldoen ongeacht de reële oogst.
– vrijwillige graanverkoop:	10 % (maximaal 30 %)
– terugbetaling van leningen:	10 %
– werkingskosten:	10 %
– reserves:	3 %
	33 %

Te verdelen bleef dus 2/3 van 70 % = 52 % van de totale opbrengst. Indien dit per arbeider meer zou zijn dan 165 kilogram per jaar, werd de rest verkocht, de halve opbrengst verdeeld onder de leden van de commune in verhouding tot verdiende arbeidspunten, de andere helft bleef eigendom van de commune. Maar in het algemeen kan men zeggen dat de boeren vergoed worden in functie van hun prestaties en volgens de opbrengst van de commune. Na aftrek van de belastingen (6 % van de opbrengst), het zaaigoed en de reserves voor tijden van hongersnood of oorlog, ontving de boer een basisrantsoen en een deel van de opbrengst van de verkoop van het eventuele surplus a rato van zijn prestaties. De graanrantsoenen vormden in de culturele revolutie een deel van de propaganda in de strijd tussen de Gyemlog en Nyamdel-fracties. Aangezien alleen de werkende leden van de commune een deel van de opbrengst ontvingen, bevonden families met werkonbekwame leden (kinderen, zieken, ouderen, ...) zich in een ongunstige positie. Er bestond de mogelijkheid een lening aan te gaan, maar dat verergerde de situatie alleen maar.

Ook de veeteelt werd gecollectiveerd. Vanaf 1970 werd het commune-systeem ingevoerd. De nomaden kregen een vaste verblijfplaats en grasland toegewezen, alle dieren en materieel werden gemeenschappelijk bezit. Voor elke commune benoemde men een bewaarder en een boek-houder, belast met het beheer. De traditionele ruilhandel werd verboden, de herders werden verplicht hun waar beneden de marktprijs aan de staat te verkopen. Elk lid van een veeteeltcommune kreeg het vruchtge-bruik (melk en wol) van een dri, met een maximum van 8 dri (vrouwe-lijke yak) per familie ongeacht het aantal leden. Geiten en schapen waren allen volkomen collectief bezit. Er was een strenge controle op het slachten van het vee. De communes kregen produktiekwota opgelegd. Bijvoorbeeld een jaarlijkse stijging van 11 % voor de schapen en 8 % voor de andere dieren. De leden moesten per jaar een aantal werkpunten presteren en werden in functie daarvan vergoed. Een voorbeeld: 90 kilogram graan per jaar, 12 kilogram boter ook per jaar en 5 meter stof. Het graanrantsoen was kleiner dan in de landbouwcommunes, omdat de nomaden over een deel van de melkproduktie van de kudden konden beschikken. Er moesten ook belastingen worden betaald, onder verschillende vormen: staatsbelastingen van de veetelers (dit was de levering van dieren aan de overheid), wollevering (75-80 % van de wolopbrengst), yakstaarten, huiden en pelsen, boter en kaas (40-45 % van de produktie).

Al met al bleef de controle over de nomaden moeilijk, daar de Chinezen hen ten gevolge van een tekort aan grasland bij de nederzettingen, terug een zekere mate van bewegingsvrijheid moesten toestaan.

Een belangrijk element in de landbouw en de veeteelt in Tibet was de oprichting van modelboerderijen door de centrale overheid. In deze staatsboerderijen probeerde men de culturen te verbeteren en leidde men Tibetaanse boeren op, men deed aan extensieve irrigatie en introduceerde landbouwmachines. De staatboerderijen verschilden van de communes, ze waren volledig staatseigendom en de leden kregen een vaste wedde. Produktie, winst en verlies waren voor rekening van de staat, die ook de nodige investeringen deed en voor de uitrusting zorgde, zowel voor de produktie als voor sociale voorzieningen en vormingsprogramma's. Deze staatsboerderijen vormden omvangrijke eenheden die hun personeel belangrijke voordelen boden: behoorlijk loon, gratis woning, electriciteit, scholen, gediversifieerde voeding, medische zorgen, pensioen enzovoort. Zelfs in deze gepriviligeerde instellingen leden de Tibetanen onder de akties van de rode gardes, zodat de produktie in de periode van 1968 tot 1970 daalde.

De bruuske veranderingen in de sociale structuren lagen in de lijn van de integratie van de Tibetaanse samenleving in het Chinese communistische patroon. De systematische uitsluiting uit communes, onderwijs en kaderfuncties van iedereen die als reactionair werd gebrandmerkt wegens zijn verleden of zijn verzet tegen de Chinese politiek, werd nog versterkt tijdens de culturele revolutie. Alleen zij die resoluut partij kozen voor de nieuwe machthebbers konden zich handhaven, zij het soms met moeite, gezien de willekeur van de onderlinge strijd tussen de verschillende fracties en de rode gardes.

Reeds in de voorgaande jaren had er een heroriëntatie van de handel op China plaats gevonden. Er zijn officieuze rapporten en verklaringen van vluchtelingen dat er tijdens de culturele revolutie toch nog een heel klein beetje handel werd gedreven met Nepal en India. De grenssmokkel bleef bestaan zolang de grens niet hermetisch was afgesloten.

De uitbouw van het wegennet werd verdergezet. Dit net bestond vooral uit relatief korte wegen naar de Indiase, de Nepalese en de Sovjetgrens en uit secundaire wegen. In 1972 zouden 90 % van de Tibetaanse districten over wegen voor motorvoertuigen beschikken. Er werden buitenposten opgericht in de onbewoonde bergstreken om de veiligheid te vergroten. De verbeteringen aan het wegennet vergrootten de mobiliteit nauwelijks. Ze beantwoordden vooral aan Chinese militaire doeleinden. Het was voor de Tibetanen trouwens verboden te reizen: het was onmogelijk naar de markt in het volgende dorp te gaan of familie te bezoeken.

Er zijn weinig objectieve concrete gegevens over de industriële ontwikkeling in Tibet tijdens de culturele revolutie. In Chinese bronnen

De Linchih textielfabriek die tijdens de culturele revolutie opgestart is.

111

worden grote vorderingen gemeld. De industriële produktie zou tussen 1965 en 1974 bijna verviervoudigd zijn. Het aantal kleine ondernemingen zoals garages voor vrachtwagens en landbouwmachines, fabriekjes, ateliers, bosexploitatie, houtzagerijen, enzovoort groeide snel aan. In 1966 kwam er een textielfabriek in Lasa en in 1967 werden een farmaceutisch bedrijf en een cementfabriek actief. Ook werd een wolspinnerij opgericht met 1300 arbeidsplaatsen, waarvan 500 voor Han-Chinezen. In 1970 kwam er onder andere een papierfabriek bij, in 1971 gevolgd door een drukkerij.

Wat de weerslag was van de agitatie tijdens de culturele revolutie is onbekend, maar ze was blijkbaar niet zonder belang. De stakingen en werkonderbrekingen die de Gyemlogfractie organiseerde, werden pas in 1967 door het leger doorbroken.

De produktie van electrische stroom nam sterk toe door de bouw van electrische centrales, meestal van het hydro-electrische type met een bescheiden capaciteit. Volgens Chinese bronnen verdubbelde de electriciteitsproduktie tussen 1965 en 1970. Daarnaast zijn er enkele thermische centrales, waarvan de belangrijkste in de buurt van Lasa. Ook werd er gewerkt aan een geothermische centrale van 6000 kilowatt te Yangbajam ten noorden van Lasa. In 1976 begon de machinefabriek van Lasa met de produktie van kleine electriciteitsgeneratoren (20 kilowatt) voor landelijke gemeenschappen. Langzamerhand kwam er electriciteit beschikbaar voor privégebruik: electrisch licht, radio.

4. *Culturele-religieuze situatie*

Ook tijdens de culturele revolutie bleef men inspanningen doen voor de verdere ontwikkeling van het onderwijs. Met de opkomst van de communes kwamen, ook buiten de steden, lagere scholen tot stand. De opvoeding en de vorming van de jeugd was een onderdeel van de taak van de communes. De middelen waarover zij beschikten waren dikwijls zeer beperkt, het ontbrak vooral aan gekwalificeerd onderwijzend personeel, lokalen en leermiddelen. Voor de nomaden werden mobiele onderwijzers ingezet. Men mag aannemen dat het onderwijs dat op deze wijze verstrekt werd, erg beperkt was. Uit interviews met vluchtelingen blijkt dat er in het midden van de jaren zeventig nog veel analfabeten waren. Toch vormden deze openbare scholen, ook volksscholen

Avondschool op het platteland.

genoemd, samen met de scholen opgezet door de lokale comité's in de steden, een belangrijk element in de veralgemening van het onderwijs. In 1965 waren 4596 lagere volksscholen met 48.755 leerlingen en 56 staatsscholen met 10.066 leerlingen. In de stedelijke centra waren er naast deze openbare scholen ook staatsscholen. Er waren staatsscholen in Lasa, Shigatse, Lhokka, Nagchu, Chamdo, Gyantse, Phari, Promo, Kongho en in elk district. Kinderen van ouders die behoorden tot de reactionaire klasse werden er niet toegelaten. Vanaf 1963 werden de leerlingen in de staatsscholen toegelaten op grond van de klasse waartoe ze behoorden. Voor de laagste inkomensklasse was het onderwijs gratis, anderen betaalden een bijdrage in verhouding met het inkomen van de ouders.

De lagere school omvatte 6 leerjaren. De kinderen gingen vanaf hun zesde jaar naar school. In deze periode bestond er nog geen leerplicht, waardoor slechts 70 % van de kinderen naar lagere school ging. Het leerprogramma voorzag Tibetaans, rekenen, politieke opvoeding, muziek en lichamelijke opvoeding en vanaf het vierde jaar van een halve tot een hele dag handenarbeid per week. Er werd ook politieke en technische vorming voorzien.

In de staatsscholen was er gemengd personeel, Chinezen en Tibetanen. In de volksscholen, vooral die van de communes, bestond het personeel uit Tibetanen met een zeer rudimentaire opleiding, soms niet meer dan de lagere school.

Tijdens de culturele revolutie werden de uniforme middenscholen ingevoerd, ze bleven geconcentreerd in de steden. In 1965 waren er in de middelbare school van Lasa 340 leerlingen, waarvan 269 Tibetanen, meestal afkomstig van de kaders. Voor de laagste inkomens was het middelbaar onderwijs gratis, de anderen moesten schoolgeld betalen. In de periode van de culturele revolutie waren heel het middelbaar en hoger onderwijs gepolitiseerd.

Het programma omvatte: Chinees, wiskunde, wetenschappen, politieke geschiedenis, militaire training, handenarbeid en lichamelijke opvoeding. Tot 1966 stond er één uur Tibetaans per dag op het programma; dit werd tijdens de culturele revolutie afgeschaft. Naar Chinees communistisch model kregen de leerlingen, behalve een intellectuele, ook een politieke en morele vorming.

Niettegenstaande de vooruitgang, stond het middelbare scholensysteem nog in zijn kinderschoenen en was het aantal studenten beperkt. Epstein vermeldt 769 studenten in 1965. Alleen in Lasa kon het volledige programma van 6 jaar gevolgd worden, in de andere steden bestonden slechts de 3 lagere jaren. Dit verklaart gedeeltelijk waarom een tamelijk groot aantal Tibetanen (3000) naar de instituten voor nationale minderheden werd gestuurd, alhoewel het hoofdmotief hiervoor natuurlijk in het politieke vlak lag. Hoger onderwijs bestond voor 1978 zo goed als niet in Tibet. In 1975 werd er in Lasa een normaalschool geopend, ter vervanging van een vormingsinstituut waar tussen 1951 en 1965 een driehonderdtal onderwijzers waren opgeleid.

In 1965 had de ,Tibet Daily' in Lasa de beschikking over een rotatiepers en een staf van 80 medewerkers. Er werden dagelijks 2 edities, één in het Tibetaans en één in het Chinees, uitgegeven . Volgens de tweede delegatie van de Dalai Lama werd de krant hoofdzakelijk gelezen door de kaders, het volk had er geen geld en interesse voor.

	1965	1976
Oplage Tibetaanse editie	3.500	40.000
Oplage Chinese editie	5.600	26.000

Drukpers voor de
Tibetaanse krant.

Radio Lasa was vanaf 1965 meerdere uren per dag te beluisteren. Op vele plaatsen werden luidsprekers geïnstalleerd, om ook de Tibetanen die geen toestel bezaten, in staat te stellen de programma's te horen. De luidsprekers in de straten balkten programma's, meestal in het Chinees, soms in het Tibetaans. Film en toneel kregen aandacht omdat ze een belangrijke rol konden spelen in de socialistische opvoeding van de massa. Ze droegen bij tot de verspreiding van de Tibetaanse taal,

115

alhoewel dat niet de bedoeling was van de ultra-linkse strekking van de culturele revolutie, die de Tibetaanse taal als minderwaardig beschouwde. In hun ijver wilden de rode gardes de oude Tibetaanse taal vervangen door een ,Tibetaans-Chinese vriendschapstaal', dit is een verzameling van eenvoudige uitdrukkingen uit beide talen. Dit initiatief heeft nooit ingang gevonden. Wel evolueerde het Tibetaans zelf: de uitdrukkingen die verwezen naar klasse-onderscheid werden uitgebannen, de taal werd vereenvoudigd om ze begrijpelijk te maken voor de massa en er kwamen heel wat nieuwe woorden bij om het nieuwe in het hedendaagse Tibet uit te drukken. De pers en de radio waren de aangewezen media om de nieuwe terminologie te verspreiden, ook het onderwijs werkte mee. De groei van de taal werd gehinderd door de culturele revolutie. Het duurde tot 1975 voor er een Tibetaans-Chinees woordenboek verscheen. Het woordenboek telde 50.000 woorden, waaronder veel nieuwe.

Tot 1965 werd de godsdienst in Tibet getolereerd, maar in de culturele revolutie werd de openlijke uiting van geloof streng onderdrukt. De rode gardes voerden een intense campagne tegen alles wat met religie te maken had. Gebedsvlaggen, portretten van de Dalai Lama en de Panchen Lama, religieuze voorwerpen, ikonen en mandala's werden verboden. Kloosters en tempels werden leeggeroofd en vernield. Opvallend was dat deze vernielingsrage blijkbaar zo goed georganiseerd en gecontroleerd was. Getuigen vertellen dat men drie fasen kon onderscheiden. Eerst kwamen de experts die de edelstenen verwijderden, dan was het de beurt aan metaalkenners die de waardevolle metalen meenamen, tenslotte werd het gebouw gedynamiteerd, het hout werd meegenomen om te dienen in de plaatselijke commune. Slechts enkele grote monumenten bleven gespaard, waaronder de Potala, het Drepungklooster nabij Lasa en Tashilumpo in Shigatse. Slechts 13 van de 3800 heiligdommen bleven volgens Lehmann gespaard. Een tiental van de 2468 kloosters bleef min of meer volgens Blanc gespaard. Vooral monniken en lama's werden geterroriseerd. Velen werden gevangen genomen, gemarteld en gedood. Vaak vonden echte sadistische orgieën plaats. Door de macht te breken van de kloosters, de enige overblijvende invloedrijke organen van het oude regime, werd de laatste hindernis voor de omvorming van de samenleving uit de weg geruimd.

Toen het hoogtepunt van de culturele revolutie in 1969 voorbij was, waren de kloosters nagenoeg leeg en werden ze soms gebruikt als magazijn of school. Begin 1967 was bijna 90 % van de monniken gedwongen te werken in arbeidskampen. Van geloofsbeleving, privé of in het openbaar, bleef niets meer over.

HOOFDSTUK 8

TIBET VANDAAG: 1977-1984

De dood van Mao en de val van de Bende van Vier in 1976 betekende een keerpunt voor China. De nieuwe machthebbers behoorden tot de gematigde lijn van de Chinese Communistische Partij, waardoor de radicaal ideologische lijn plaats ruimde voor een meer pragmatische aanpak van de problemen. Deng Xiaoping kwam terug aan de macht in 1977 en de derde voltallige vergadering van het elfde centrale comité van de Chinese Communistische Partij formuleerde een nieuwe politieke lijn, die meer de nadruk legde op economische ontwikkeling dan op revolutie en voorrang verleende aan de socialistische modernisering van het land. Op buitenlands vlak werd toenadering gezocht met het Westen wegens de behoeften aan technologie en kapitaal en als tegengewicht voor de dreiging van de Sovjetunie.

Om de vier moderniseringen uit te voeren had Beijing behoefte aan stabiliteit en eenheid in het land. Tegenover de minderheden werd een soepeler houding aangenomen, het toekennen van meer autonomie werd gezien als voorwaarde voor de medewerking van alle nationaliteiten aan de economische opbouw van China. De Bende van Vier ging uit van het standpunt dat er in de socialistische fase van de samenleving geen behoefte meer was aan verschillende nationaliteiten in China. Autonomie werd gezien als tegengesteld aan de eenheid van het volk. Het nieuwe bewind verwierp deze opvatting als een exponent van Han-chauvinisme en sabotage van het multinationale China. De Bende van Vier ging uit van het standpunt dat er in de socialistische fase van de samenleving geen behoefte meer was aan verschillende nationaliteiten in China. Autonomie werd gezien als tegengesteld aan de eenheid van het volk. Het nieuwe bewind verwierp deze opvatting als een exponent van Han-chauvinisme en sabotage van het multinationale China. Aanvankelijk veranderde er weinig in Tibet, pas na het bezoek van een delegatie van de Dalai Lama in 1979 werd Beijing zich bewust van de reële toestand en kwam er een reactie. Voor Tibet was 1980 een keerpunt.

1. *Politieke en bestuurlijke situatie*

Vanaf 1977 liet de centrale Chinese regering blijken dat ze een meer open politiek zou voeren met betrekking tot Tibet. In dat jaar werden de eerste individuele Tibetaanse ballingen op bezoek toegelaten. In 1979 werden enkele honderden gevangenen, die aan de opstand van 1959 hadden deelgenomen, vrijgelaten. Het duurde tot 1979 voor aan vreemdelingen, andere dan communistische sympatisanten, reisvisa werden toegekend. In 1979 bezochten de oud-premiers Heath en Trudeau Tibet. In 1980 werden twee groepen buitenlandse journalisten uitgenodigd voor een bezoek. Belangrijk waren de delegaties van de Tibetanen in ballingschap, die in 1979 en 1980 een bezoek brachten aan het gebied met de bedoeling informatie te verzamelen over de toestand in het algemeen en over de levensomstandigheden van de bevolking in het bijzonder. De bevindingen van deze delegaties en de verslagen van journalisten verwekten opschudding in Beijing. Het bezoek van de tweede delegatie werd tengevolge van een incident voortijdig afgebroken op 28 juli 1980 op bevel van de Chinese overheid. In Lasa was er tijdens het verblijf van de afvaardiging een samenscholing geweest van Tibetanen die luid hun ongenoegen uitten over de Chinese overheersing en hun aanhankelijkheid aan de Dalai Lama bekenden. Vooral de aanwezigheid van buitenlandse journalisten was aanleiding tot de scherpe reactie van de Chinezen. Er was een schril verschil tussen het enthousiasme van de officiële verslagen over de economische ontwikkeling en de samenwerking van de Tibetanen met de Han voor de uitbouw van de socialistische samenleving en de grauwe werkelijkheid van armoede, honger en onderdrukking. De centrale regering en de partij zagen zich verplicht de benarde situatie in Tibet te erkennen en maatregelen te treffen. Het mislukken van de politiek van vredelievende bevrijding werd toegeschreven aan de fouten van de leiders en de politieke dwaling van de radicalen. Pas drie en half jaar na de dood van Mao en de val van de Bende van Vier en anderhalf jaar na het invoeren van de politiek van de vier moderniseringen, reageerde de Chinese Communistische Partij. P. Schier geeft hiervoor drie mogelijke redenen.[1].

Aanvankelijk moest de Deng Xiaoping-fractie al haar energie toespitsen op het ombuigen van de politieke lijn en het veiligstellen van

---

[1] SCHIER, P., China Aktuell, juni 1980, p. 482.

haar eigen positie. Mogelijk had het centrale comité een verkeerd beeld van de verhoudingen in Tibet, aangezien de Tibetaanse partijleiding geneigd was haar houding te wijzigen en de nieuwe koers te volgen. Schier suggereert dat Ren Rong, de lokale eerste partijsecretaris geïnstalleerd tijdens de culturele revolutie, tot de linkse strekking behoorde en dat hij heimelijk de nieuwe politiek bestreed.

Het Han-chauvinisme in de partij kan aanleiding geweest zijn voor het gebrek aan belangstelling voor de problemen van de nationale minderheden. Tibet werd zelden bezocht door hooggeplaatste partij- of regeringsfunctionarissen. In 1974 bezocht een delegatie onder leiding van een lid van het politbureau Tibet, uitte kritiek op de tekortkomingen in de resultaten van de doelstelligen van het centrale comité. Maar er volgden geen maatregelen. Na een bezoek van een afvaardiging van de centrale regering begin 1979, nam het aantal Han-kaders nog toe.

Doorslaggevend was het bezoek van de eerste delegatie van de Dalai Lama, die vijf maanden lang door Tibet reisde in 1979. Hierbij kwam het meerdere malen tot spontane uitingen van vreugde van de Tibetaanse bevolking. Ze maakte ook haar beklag over de lage levensstandaard, de onderdrukking door de Han en het verbod op godsdienstbeleving. De lokale regering had gepoogd het contact tussen de delegatie en de Tibetanen onder controle te houden. Als voorzorgsmaatregel had men een aantal zelfs verdachte elementen opgesloten. De delegatie had de indruk dat de repressiemiddelen van de Mao-periode in Tibet nog steeds werden aangewend. Na hun terugkeer in India verklaarden de delegatieleden dat nationalisme en Boeddhisme een wedergeboorte kenden in alle lagen van de bevolking. Het was het enig mogelijke protest tegen de Chinese voogdij.

Dit alles leidde in april 1980 tot een ernstig onderzoek naar de oorzaken van de moeilijkheden in de autonome regio Tibet. Het centrale comité van de Chinese Communistische Partij wijdde verschillende zittingen aan de bespreking van de toestand. Dit resulteerde in richtlijnen voor het verbeteren van de economie, de cultuur en de wetenschappelijke ontwikkeling van de bevolking. Deze maatregelen werden samengevat in de acht principes voor de toekomstige politiek voor Tibet.[2]

---

[2] Voor de acht principes zie bijlage 1

Men stelde dat de Tibetanen inspraak en medebeslissingsrecht kregen om ten aanzien van de politieke richtlijnen rekening te kunnen houden met de specifieke omstandigheden van de autonome regio. De Tibetaanse partijleiding werd aangemaand de realistische koers van de vier moderniseringen toe te passen.

In mei bracht een afvaardiging van het centrale comité met Hu Yaobang, de eerste secretaris van de Chinese communistische partij en Wan Li, partijsecretaris en premier, een bezoek aan Tibet om er de toestand te onderzoeken en de nieuwe richtlijnen toe te lichten. Naast Hu Yaobang en Wan Li maakten ook Yang Jingren, vice-voorzitter van het nationale volkscongres en voorzitter van het nationaal comité en Ngabo Ngawang, voor de culturele revolutie voorzitter van de autonome regio Tibet en nu vice-voorzitter van het vaste comité van het volkscongres van de autonome regio Tibet. De delegatie erkende dat de levensstandaard in Tibet zeer laag was en extreem ver achter lag op die van andere delen van de Volksrepubliek. De schuld voor deze situatie werd officieel toegeschreven aan Lin Biao en de Bende van Vier. In feite bedoelde men dat het maoïstisch ontwikkelingsmodel voor de Chinese samenleving niet aangepast was aan Tibet. De culturele revolutie had geleid tot onderdrukking van het Boeddhisme, onherroepelijke schade toegebracht aan het cultuurpatrimonium en de Tibetanen verder vervreemd van de Han. Tijdens zijn bezoek hield Hu Yaobang op 15 mei een toespraak voor een vergadering van 4500 ambtenaren waarin hij de zes voorwaarden schetste voor de verhoging van de levensstandaard en het tot standbrengen van een welvarend en beschaafd Tibet.[3] Hij legde hierbij vooral de nadruk op het zelfbeschikkingsrecht, het recht op lokaal zelfbestuur en het aanwenden van verschillende materiële prikkels voor de bevolking. Daaronder de vergroting van de oppervlakte van de privé-percelen, meer privé-vee en een tijdelijke vrijstelling van belastingen en verplichte leveringen aan de staat. Van 15 mei tot 3 juni vergaderde het tweede partijcomité van de autonome regio Tibet om de nieuwe partijlijn te bespreken. De eerste voorzitter van de lokale communistische partij, Ren Rong werd vervangen door Yin Fatang. Er werd aan Ren Rong, die sinds 1971 in Tibet verbleef, later verweten de realistische koers van de Chinese communistische partij te hebben

---

[3] Voor de zes voorwaarden zie bijlage 2.

gesaboteerd en een linkse afwijkende koers te hebben gevoerd. De Tibetaanse partijorganen werden fouten verweten, hetgeen de partij verplichtte tot zware zelfkritiek.

De concrete toepassingen van de acht voorwaarden van het centrale comité en van de zes voorwaarden van Hu Yaobang, verwerkte de regering van de autonome regio in de richtlijn van 20 juni 1980. Ze handelde over de meest vergaande liberaliseringspolitiek in de Volksrepubliek China sinds de invoering van de vier moderniseringen.

Tot op heden wordt deze politiek voortgezet. Het is daarom nuttig wat meer in detail op de verschillende aspecten ervan in te gaan. De regering in Beijing moet voor haar politiek in Tibet uitgaan van de reële omstandigheden in de regio en streven naar de instemming van de kaders en het volk. Aan de autonome regio Tibet werd de bevoegdheid toegekend, binnen het kader van de politiek gevoerd door de centrale regering, over een aantal binnenlandse aangelegenheden te beslissen. De lokale regering was nu verantwoordelijk voor de benoeming van de ambtenaren en het aanpassen van de nationale wetten aan de lokale omstandigheden, het uitvaardigen van decreten, bepalen van economische en ontwikkelingspolitiek, belastingen, culturele aangelegenheden, taal en onderwijs. Het comité van het regionaal volkscongres bekrachtigde in de periode 1980-1982 9 decreten, waaronder de aanpassing van de huwelijkswet en de wet op de strafprocedure. Dit werd door de Chinezen gezien als uitoefening van het recht op regionale autonomie onder het leiderschap van het centrale comité van de Chinese Communistische Partij. Volgens Hu Yaobang in een redevoering in Lasa. Het autonome optreden van de regio Tibet mag echter de eenheid met China en de leidende rol van de Chinese Communistische Partij niet aantasten. Het autonome bestuur diende versterkt door het benoemen van meer Tibetaanse ambtenaren op alle bestuursniveaus. De opleiding moest verbeteren, zodat de recrutering meer kon steunen op de bekwaamheid dan op de gepaste politieke attitude. De delegatie verklaart de onbekwaamheid en de nalatigheid van het lokale Tibetaanse bestuur vanuit de politieke criteria die gehanteerd werden voor de selectie van ambtenaren. Tijdens zijn bezoek aan Tibet in 1982 verklaarde de Panchen Lama dat hij hoopte dat de kaders in Tibet zouden verdergaan hun kennis van het Marxistisch-Leninistisch-Mao-idee te verbeteren.

Het Chinese persbureau meldde in 1981 dat de Tibetanen de meerderheid vormden van de kaders in de regionale bestuursorganen. In de hogere kaders waren er 44,7 % Tibetanen tegen 37,8 % in 1980. In het totaal was 54,5 % van alle kaders Tibetaans. Toch bleef het overwicht bij Han, daar zij de belangrijkste functies in handen hielden en alleen ,betrouwbare' Tibetanen op hoge beslissingsfuncties benoemden en dan nog alleen als de reële macht in eigen Chinese handen bleef. Het is vooral via de Chinese Communistische Partij dat de Han controle over alle aspecten van de Tibetaanse samenleving uitoefenen. 85 % van de 35.000 Han-kaders in Tibet zouden van 1981 tot 1984 teruggetrokken worden. Op de lagere bestuursniveaus werden verkiezingen gehouden, zodat de Chinezen niet in het gedrang kwamen. In de partijorganen ging men op dezelfde wijze te werk : de regionale secretarissen werden verkozen, maar de eerste secretaris niet.

De centrale planning van economie, cultuur, landbouw, veeteelt, industrie, handel en financiën diende rekening te houden met de redelijke eisen van de regio's. De materiële en technische hulp moest uitgebreid worden. Het regionale partijcomité onderzocht de plannen voor de wederopbouw van het land en paste ze aan. Alle linkse afwijkingen in de ontwikkeling van de economie en de economische bestuursorganen en de buitenlandse handel moesten gecorrigeerd worden. De ontoereikendheid van de tot nu toe gevoerde partij- en regeringspolitiek en de noodzaak een zelfstandige economische en culturele politiek te realiseren werd daarmee openlijk toegegeven. Opmerkelijk was dat de realisatie van het programma gezien werd in termen van de machtsstrijd in de partij. De druk die op de lokale regering werd uitgeoefend schijnt er volgens de auteur op te wijzen dat de autonome regio Tibet het laaste bolwerk was van de linkse elementen van de culturele revolutie. Hij wijst erop dat Ren Rong, eerste partijsecretaris, aan de macht kwam tijdens de culturele revolutie en bekend stond als aanhanger van Lin Biao. Hij was in april 1980 de laatste lokale partijleider die carrière gemaakt had tijdens de culturele revolutie.

Een belangrijke reeks maatregelen betrof de vrijstelling van de belastingen en verplichte produktieleveringen. Deze uitgave vormde een zware last voor de centrale regering, er moest over gewaakt worden dat de middelen op efficiënte wijze werden aangewend en dat het egoïsme van de lokale belangen moest bestreden worden. Yin Fatang verklaarde op de conferentie van het Tibetaans regionaal partijcomité dat het belang van het hele land vooropstond en dat slechts kon geïnvesteerd in die domeinen waar een reële behoefte bestond en waarin voldaan werd aan de voorwaarden tot slagen. De investeringen moesten verminderd worden, het financiële evenwicht moest behouden blijven en men moest streven naar overschot. De economische ontwikkelingen van de regio waren de voornaamste taak van de partij, de regering, het leger en het volk. Het was een opdracht die succesvol moest worden uitgevoerd op basis van de juiste ideologische en politieke lijn. Yin Fatang verwijst naar de schade die de linkse lijn toebracht aan de nationale economie. Deze invloed moest uitgeschakeld worden. Hiermee werd aangegeven dat de Chinese Communistische Partij nog steeds het grootste belang hechtte aan het ideologisch en politiek werk voor de realisatie van de socialistische moderniseringen. De partij moest zich niet bezighouden met routinezaken, maar ze moest zich richten op de ontwikkeling van het politiek bewustzijn van de massa. Alle geledingen van de partij zullen hiertoe worden ingezet: propagandadiensten, administratie, syndicaten, jeugdorganisaties, vrouwenverenigingen, onderwijsinstellingen enzovoort. De actie werd vooral gericht op de voeding van de jeugd tot een hoge morele standaard en kennis van de communistische ideeën. Elk verzet tegen de leidende rol van de partij werd en wordt bekritiseerd en bestreden. Dit betekende een herbevestiging van de voorrang van de partijorganen op de anarchie van de culturele revolutie.

Ideologische problemen werden opgelost door overtuiging en voorlichting. In ernstige gevallen moest men gebruik maken van de justitie en de wet om reactionairen en tegenstrevers te kunnen liquideren. De opvoedingscampagne had tot doel allen, kaders en massa, te overtuigen van de plicht te gehoorzamen aan de partij en de ,wet'. Uit de tekst blijkt dat er een gebrek aan discipline, zowel bij het volk als bij de kaders was en dat wetsovertredingen frequent voorkwamen. Het politieapparaat, onder Chinese controle, bestaat uit gewone geüniformeerde politie, verkeerspolitie en geheime politie. Ook onder het huidige regime is er geen plaats voor oppositie. De gerechtelijke macht heeft geen grote vrijheid in het toepassen van de wetten. In feite domineert de ideologie zowel de aanklacht als de veroordeling. De Tibetanen weten dat de meerderheid van hen de Chinese overheersing afwijzen, maar ze zijn zeer voorzichtig vanwege de ,informateurs' van de geheime politie. De huidige regering van Tibet bestaat uit 5 elementen: de volksregering, het comité van de communistische partij, de revolutionaire raad, het politieke raadgevende comité en het verenigd front. De eerste twee organisaties zijn het belangrijkst. De topfunctionarissen zijn bijna allemaal Chinezen, soms lid van beide regeringsapparaten, ze worden benoemd en niet verkozen. Als een Tibetaan zo hoog in de regeringshiërarchie benoemd wordt, krijgt hij een Chinese vicevoorzitter of secretaris naast zich. De leden van het comité van de communistische partij zijn, als ze in eenzelfde vergadering zetelen, machtiger dan de leden van de volksregering.

De revolutionaire raad heeft geen betekenis meer, de revolutie is voorbij.

Het politiek raadgevende comité kadert in de politiek van het verenigd front. Dit is het enige comité met enkel Tibetanen, maar het heeft geen politieke macht. De leden van dit comité zijn veelal vroegere aristocraten, lama's en plaatselijke leiders die na lange opsluiting vrijgelaten zijn. Ze worden onderverdeeld in twee groepen. De eerste groep is slechts in naam lid van het politieke raadgevende comité. De leden staan op een lijst, maar wonen en werken thuis als boer of herder. De tweede groep krijgt een salaris uitbetaald en woont in een speciaal daarvoor bestemd gebouw. Zij hebben twee taken: de helft van de dag wijden ze aan studie van de Mao-gedachte en de richtlijnen van de centrale regering, de andere helft van de dag moeten ze rapporten schrijven over de Tibetaanse toestand.

2. Socio-economische situatie

De collectivisering van de landbouw en veeteelt door het invoeren van de communes vanaf het begin van de zeventiger jaren en de eenzijdige nadruk op de graanteelt, vooral van de verplichte tarweteelt, had het traditionele economische evenwicht tussen landbouw, veeteelt en ambachten grondig verstoord. De Tibetanen werden in 1972 verplicht tarwe te verbouwen. In de periode 1972-1975 gaf dit goede oogsten, maar het putte de grond uit en raakte in sommige streken niet rijp. De Chinezen pastten de landbouwpolitiek niet aan en tegen 1979 was de grond volledig verarmd. Het tarweprogramma was zowel ecologisch als sociaal een catastrofe. De Tibetanen gaven traditioneel de voorkeur aan gerst en namen het de Han kwalijk dat ze verplicht werden tarwe en groenten te telen en varkens te kweken. Velen meenden dat ze verplicht waren

125

voedsel te produceren voor het steeds groeiende aantal Chinezen. Het voedseltekort vergrootte de spanning tussen Chinezen en Tibetanen. Statistisch steeg de voedselproduktie wel, maar er kon niet voorkomen worden dat de Tibetaanse bevolking er op het einde van de jaren zeventig slechter aan toe was dan in 1959. De Chinese media hebben jarenlang vol lof gesproken over de steeds stijgende produktie, die toegeschreven werd aan de ijver van het volk, de voorbeeldige samenwerking tussen Tibetanen en Han, de omvangrijke steun van de regering op technologisch en wetenschappelijk vlak, de hulp van het volkbevrijdingsleger en de juiste ideologische en politieke lijn van de partij. Behalve voor enkele modelbedrijven bleek dit niet in overeenstemming met de werkelijkheid. De verslagen van de delegatie van de Dalai Lama en andere bezoekers bevestigden wat de vluchtelingen reeds vroeger gerapporteerd hadden, namelijk dat de Tibetaanse bevolking honger had. In 1980 waren er 260.000 boeren en herders (dit is 16,5 % van de Tibetaanse bevolking) afhankelijk van de regering voor hun levensonderhoud. In 1982 zouden er daar nog 40.000 van zijn overgebleven.

Verschillende factoren liggen aan de basis van deze toestand. Het invoeren van de communes had in principe door een doelmatig aanwenden van de arbeidskracht, betere landbouwmethoden en werktuigen, de produktie snel moeten verhogen. De herverkaveling van de grond vergrootte de oppervlakte van de velden en het landbouwareaal nam toe door de ontginning van braakliggende gronden. Maar men kende een relatieve daling van de voedselproduktie. De verplichte tarweteelt putte de grond uit en kon niet overal rijp worden. De produktieratio's van de communes waren slecht omwille van verschillende redenen: te weinig individuele verantwoordelijkheid, slecht management, vervoersproblemen, systeem van beloning en belasting, de verspreide bevolking en de snelheid waarmee het systeem werd doorgevoerd. De overhaaste mechanisering van landbouw en veeteelt (3 jaar) verstoorde het economisch evenwicht. De chaos die heerste tijdens de culturele revolutie, de ideologische strijd, de thamzings, de onderdrukking van de religie, de spanningen tussen Tibet en China, dit alles woog zwaar op het moreel van de bevolking. De karweien die de overheid oplegde, ondermeer het onderhoud van de wegen, het bouwen van gemeenschappelijke lokalen enzovoort, hadden tot gevolg dat de voor produktie beschikbare arbeid verminderde. Er ontstond een voedseltekort want de toename van de produktie stond niet in verhouding met de behoeften — de Chinese (burgers en militairen) en de Tibetaanse bevolking nam snel toe — en men beperkte de privé-produktie, zowel voor eigen gebruik als voor verkoop of ruil. Er emigreerden nog steeds Chinezen naar Tibet. Het gedwongen huwelijk van veel monniken tijdens de culturele revolutie veroorzaakte een soort baby-boom.

Met de bedoeling de levensstandaard van de Tibetanen op korte termijn gevoelig te verbeteren en tegen 1990 een belangrijke economische groei te realiseren werden een hele reeks maatregelen getroffen. Yin Fatang verklaarde in zijn toespraak voor de conferentie van de Tibetaanse regionale partij: *,We moeten aandacht hebben zowel voor de economische hervormingen als voor de produktie, in de eerste plaats voor de agrarische produktie en veeteelt. We moeten de leiding versterken en een stabiele ontwikkeling van landbouw en veeteelt handhaven, zodat de meerderheid van de bevolking zich kan herstellen van het economische onevenwicht en geleidelijk beter kan voorzien in haar levensonderhoud. In de landbouw moeten we de teelten diversifiëren, maar de graanproduktie moet haar voorrang behouden. In de veeteelt moeten we verder de structuur van de veestapel en het pluimvee aanpassen, de kweek versnellen en de opbrengst opdrijven. Voor de stijging van de agrarische produktie moeten we hoofdzakelijk steunen op de mobilisatie van de gedachten van de massa, de gevoerde politiek toepassen en de landbouwbedrijven op wetenschappelijk verantwoorde wijze beheren'.*[4]
Deze politiek werd aangevuld met een vermindering van de lasten, financiële steun en meer mogelijkheden voor privé-produktie.

Vanaf 1980 werd vrijstelling van belasting toegekend voor landbouw, veeteelt en ambachten. Opheffing van belastingen gedurende 5 jaar voor landbouw en veeteelt, gedurende 2 jaar voor andere sectoren. De vrijstelling van landbouw- en veeteeltbelasting vertegenwoordigt 10 900 000 yuan voor 1980 en 1981. De communes werden niet langer verplicht hun produktie volgens vaste kwota te verkopen aan de staat en tevens werden de verplichte karweien afgeschaft. In de periode 1980-1981 beliep de kwijtschelding van belasting 13 750 000 yuan. De boeren

---

[4] BBC, 27-1-1981.

kregen zo meer vrijheid en konden zich makkelijker aanpassen aan de oogst en de reële aangroei van de veestapel en de zuivelproduktie. De prijzen van levensnoodzakelijke goederen werden onder controle gehouden, verlaagd en gestabiliseerd door structureel toezicht op handelaars en verkopers. Prijzen lagen 20 tot 80 % lager dan in 1959.

Het aantal Chinezen (burgers) in Tibet werd verminderd. Deze maatregelen werden ondersteund door het substantieel verhogen van de kredieten die de centrale regering ter beschikking stelde van de lokale besturen naar het stimuleren van de ontwikkeling en het opvangen van de grootste nood. In 1980 en 1981 samen ontving de autonome regio Tibet meer dan 1.040.000.000 yuan onder de vorm van subsidies, dit is 98 % van het totale budget en 612 yuan per inwoner. Er werd voorzien dat deze subsidies jaarlijks met 10 % zullen stijgen tot 1987. 44.000.000 yuan: leningen om de produktie te doen stijgen 23.000.000 yuan: steun aan families in financiële moeilijkheden. 118.000.00 yuan: economische ontwikkeling van de communes en de grensgebieden. Men verwacht dan ook een stijging van het inkomen per hoofd van de bevolking, zodat ook de consumptie kan stijgen.

Inkomen: 1977: 114 yuan per hoofd
           1978: 136 yuan per hoofd
           1979: 130 yuan per hoofd
           1980: 180 yuan per hoofd
           1985: 280 yuan per hoofd (verwacht)

Consumptie: 1980: 230 kilogram graan per hoofd en 30 kilogram vlees per hoofd
              1985: 250 kilogram graan per hoofd (verwacht)

Deze cijfers zijn op jaarbasis. De cijfers zijn vaak voor een bepaalde bevolkingscategorie en/of voorbeelden van uitzonderlijke stijgingen, die als propaganda-materiaal werden gebruikt. Ze zijn dus wel juist, maar geen representatief algemeen gemiddelde.

Verdere steun werd geboden onder de vorm van de aanvoer van handelsgoederen uit China. De prijzen werden laag gehouden door transportsubsidies. Deze grote financiële inspanningen veroorzaakten grote problemen. De toename van belangrijke financiële middelen kan de inflatie doen toenemen en zo de stijging van de levensstandaard op lange termijn bedreigen. Er kwamen meer mogelijkheden om privé te produceren. de grond beschikbaar voor privaat gebruik steeg tot ongeveer 10 % van het totale areaal, 15 % van de veestapel werd privé-bezit.

Het inkomen uit eigen produktie van de gezinnen bedroeg in 1980 gemiddeld reeds 32 yuan per hoofd. Zo was er voor het aantal stuks vee dat de herders in privé-eigendom mochten houden geen beperking meer, ook de soort mocht men vrij kiezen. de herders kweekten, slachtten en verkochten hun vee en verdienden aan de melkproduktie. Ze verzamelden ook geneeskrachtige kruiden. Al deze goederen verkocht of ruilde men voor graan, zout enzovoort.

De huisambachten werden aangemoedigd en op het niveau van de communes georganiseerd in coöperatieven. Ook werden hiervoor kredieten beschikbaar gesteld, zowel op het platteland als in de steden. Door de communes en de gezinnen te bevoordelen, wou de overheid de levensstandaard op korte termijn doen stijgen. De journalisten van het Chinese persagentschap stelden in 1981 vast dat de economische ontwikkelingen en de levensomstandigheden van de bevolking enigszins verbeterden, de stedelijke en landelijke markten herleefden. Ze berichtten eveneens over de (gewenste) neveneffecten, de verbetering van de relaties tussen de nationaliteiten, de stijging van het prestige van de Chinese Communistische Partij, de rust in het gebied en de consolidatie van de grensverdediging. Tot zeer onlangs waren de Tibetanen niet onderworpen aan de politiek van familieplanning die in China werd gevoerd. Maar een te snelle bevolkingsaangroei bemoeilijkte de welvaartstoename. In 1982 werd in Lasa een forum gehouden over familieplanning, waar maatregelen werden uitgewerkt op basis van voorschriften van de centrale overheid. Gezinnen met één kind werden, net als in China, als voorbeeld gesteld. Yin Fatang verklaarde dat 180.000 op 600.000 vruchtbare vrouwen reeds gesteriliseerd waren en dat er 7000 vrouwen waren die andere contraceptiva gebruikten. Tot nog toe gebeurde de geboortebeperking op vrijwillige basis, maar verplichting werd nu in het vooruitzicht gesteld.

Om de groeiende handelsactiviteiten onder controle te houden, vaardigde de regering van de autonome regio een richtlijn uit voor het versterken van de economische controle. Op deze wijze wilde de overheid speculatie, smokkel en uitbuiting bestrijden. Er werd voor de

Tibetanen een vergunningensysteem opgezet, zowel voor de handel als voor de dienstensector. Men moest belasting betalen en het bleef verboden zeldzame of kostbare goederen te verhandelen. Voor de Tibetanen was er een registratieplicht en een verplichte verkoopprijs. Boeren en herders mochten hun produkten alleen op de landelijke markten verkopen. Het was verboden industriële produkten of produkten uit andere streken te verhandelen.

De buitenlandse handel versoepelde sinds 1980 enigszins. De grenshandel met India en Nepal bloeide weer op. Op de traditionele markten vond men Tibetanen, Indiërs en Nepalezen die wol, zout en vee verkochten of ruilden tegen rijst, graan en andere gebruiksvoorwerpen.

Tegen 1981 had het wegennet, geschikt voor motorvoertuigen, een lengte van geveer 21.000 kilometer; 16.000 kilometer hiervan had enkel lokaal belang. Er bestond slechts 35 kilometer geasfalteerde weg in de buurt van Lasa. Er waren nog veel verbeteringswerken nodig, want de toestand was verre van ideaal. De wegen werden geasfalteerd en verbreed, er werden bermen aangelegd en er werd afwatering voorzien. Houten bruggen werden vervangen door betonnen constructies. Niettegenstaande de vooruitgang bleef het vervoer over de weg een probleem dat de snelle ontwikkeling van de regio belemmerde en subsidies onmisbaar maakte. Het was en is noodzakelijk de aanleg van een spoorweg zo snel mogelijk te voltooien. In 1979 bereikte de lijn Qinghai-Tibet Golmund (Qinghai). De aanleg van de lijn werd vertraagd door technische moeilijkheden om het gebied met termofrost te overbruggen. Er is nabij Lasa een vliegveld voor burgerdoeleinden. Sinds 1980 zijn er 10 vluchten per week, 6 uit Chendu en 4 uit Xian. Met deze vluchten komen en gaan dagelijks tientallen ambtenaren, kaders, technici, wetenschappers en toeristen.

Wat de industrie betreft, werden in tegenstelling tot vroeger de investeringen in industriële projecten beperkt. Het rendement en de leefbaarheid van de bedrijven werden kritisch onderzocht. Dit leidde tot sluiting of omschakeling van 33 bedrijven die verlies leden. Onvoldoende grondstoffen of onvoldoende beschikbare energie leidden tot onrendabele produktie van slechte kwaliteit. De ervaring heeft geleerd dat in het economisch leven theorie en praktijk niet altijd overeenkomen, dat economische wetten gerespecteerd moeten worden en dat men de resultaten moet controleren. Er zijn in Tibet op korte termijn geen belang-rijke industriële ontwikkelingen te verwachten. In de lijn van de nieuwe politiek ligt de nadruk sinds 1980 op de lichte industrie.

Volgens verslagen van journalisten en afgevaardigden van de Dalai Lama was 75-80 % van de arbeiders Chinees. Andere bronnen spreken van 70 000 arbeiders waarvan de helft Tibetanen.

3. *Cultureel-religieuze situatie*

De verslagen van de delegaties van de Dalai Lama bevestigden dat de situatie op cultureel-religieus vlak verre van bevredigend was. De maatregelen van de centrale regering om de Tibetaanse taal in ere te herstellen, het onderwijs te verbeteren en de religieuze vrijheid opnieuw in te voeren, pasten in het kader van de politiek gevoerd om, door meer aandacht voor de eigenheid van de lokale bevolking, tot ontspanning te komen.

Met uitzondering van enkele middelbare scholen in de steden, was het peil van het onderwijs in Tibet erg laag. De hoogste kwaliteit van een leraar is niet zijn kennis, maar zijn zuivere houding. De beste school in Lasa was van een lager niveau dan een gelijkaardige school in Beijing. Alleen in de steden zijn er middelbare scholen. In 1979 werd het programma aangepast. Onder andere voerde men de studie van de Tibetaanse taal en de plaatselijke toestand in. De duur van het onderwijs, die was teruggevallen tot 5 jaar, werd opnieuw verlengd tot 6 jaar. Het zesde jaar was nodig omwille van de minder goede voorbereiding in het lager onderwijs en het aanleren van een tweede taal. In het algemeen werden er inspanningen gedaan om het onderwijs op een hoger niveau te brengen.

De hervormingen van 1980 legden de nadruk op het belang van de eigenheid van de regio. In het onderwijs kwam die tot uiting in het toenemende gebruik van het Tibetaans. Dit betekende echter niet dat de inspanningen om Chinees aan te leren verminderden. Het kennen van Chinees was niet alleen belangrijk omdat het de hoofdtaal was van het multinationale China, maar ook omdat het onderwijs in het Tibetaans problemen stelde. De keuze van Tibetaanse handboeken was en is nog zeer beperkt, de Tibetaanse woordenschat is niet aangepast aan de hedendaagse wetenschap, voor sommige vakken zijn er slechts Chinese leraars en het hoger onderwijs wordt uitsluitend in het Chinees in China gegeven. Het verwaarlozen van het Han-Chinees zou dus de mogelijkheden van de Tibetaanse jeugd a priori beperken.

Volgens Epstein heeft de autonome regio Tibet nu vier instellingen voor voortgezet onderwijs: een regenten-normaalschool in Lasa (1975), een landbouwschool in Nyingchi (1978), een medische school ook in Nyingchi (1978) en een Tibetaans instituut in Xianzang (1957).

Tijdens de culturele revolutie werd een minimale basiskennis voldoende geacht, de studenten besteedden het grootste gedeelte van hun tijd aan politieke acties. intellectuelen werden als bourgeois gebrandmerkt. Bij de opleiding van het onderwijzend personeel werd sterk de nadruk gelegd op politieke vorming en politieke acties. Alhoewel ook hier de basisprincipes van het socialistische onderwijssysteem behouden bleven, werden vanaf 1977-1978 correcties aangebracht. Het verwerven van kennis won aan belang en werd gecontroleerd d.m.v. examens. De studies in de gemeentelijke normaalschool van Lasa duurden 3 jaar eventueel voorafgegaan door 2 voorbereidende jaren. In Shigatse, Loka, Nagque en Qamdo werden gelijkaardige scholen opgericht. Dit was een gevolg van de grote behoefte aan onderwijzend personeel, dat niet alleen politieke kennis maar ook wetenschappelijke competentie bezat.

De landbouwschool verstrekte sinds 1978 onderricht in verschillende branches: landbouw, veeteelt, veeartsenij, bosbouw, landbouwmachines, produktie, administratie en boekhouding. De studies duren 4 jaar.

De medische opleiding in Nyingchi duurt 5 jaar, zoals in China. De nadruk ligt op de behoeften van de regio. Het programma omvat: traditionele Tibetaanse geneeskunde, studie van de lokale ziekten, onder andere in verband met de grote hoogte, naast het gewone Chinese programma.

In het Tibetaanse instituut van Xianzang in de provincie Shanxi, werd sinds 1957 de opleiding verzekerd in landbouw, veeteelt en geneeskunde. Het was het eerste instituut waar Tibetanen een hogere opleiding konden volgen.

Zoals vroeger worden ook nu nog Tibetanen opgeleid in de instituten voor nationale minderheden in China. De studies duren van 3 tot 6 jaar en bereiden vooral voor op taken in het bestuur van de regio en op ambtenaren-taken.

Gedurende haar rondreis stelde de afvaardiging van de Dalai Lama niet alleen vast dat de studie van het Tibetaans lange tijd verwaarloosd was, maar ook dat de taal zelf onder invloed van het Chinees veranderd was. ,... *het Tibetaans onderwezen in deze scholen is verschillende van het traditionele Tibetaans. Alhoewel het alfabet hetzelfde is, is de spelling en de uitspraak veranderd om het zoveel mogelijk te laten klinken als Chinees.*' Het Tibetaans heeft nu zoveel Chinese woorden dat het voor de Tibetanen uit het buitenland moeilijk zou zijn om het te verstaan. Om de eenheid met China te accentueren werden veel Tibetaanse termen vervangen: de Tibetaanse term böpa (Tibetaan) werd vervangen door börig (Tibetaans ras) en gyami (Chinees) door gyarig (Chinees ras). Het Tibetaanse woord Bö (Tibet) werd vermeden omdat het het historisch onderscheid tussen China en Tibet uitdrukte. Men spreekt nu liever van megye (moederland) of gebruikt de geografische term böjong. De specifieke Tibetaanse term voor geschiedenis, gualbral, wordt alleen gebruikt voor het aanduiden van de Chinese geschiedenis, terwijl naar de Tibetaanse geschiedenis verwezen wordt met het woord logyu (fabel, legende). Sommige jongeren spreken onder invloed van de Chinese terminologie van ,Voorzitter Dalai' of ,Dalai shih' en gebruiken uitdrukkingen zoals: *,Moge de zon van de leer van Boeddha opnieuw schijnen'.*

De evolutie van de taal werd toegeschreven aan de noodzaak het Tibetaans te ontdoen van zijn feodale taalelementen, die de ongelijkheid tussen de Tibetanen tot uitdrukking bracht. *,De nieuwe taal dient het volk, de nieuwe opvattingen de realiteit'.* ,De vertaling van de werken van Mao Zedong was belangrijk, niet alleen uit politiek standpunt, maar ook door het verleggen van de grens van de taal'. [5] De grote meerderheid van de boeken in Tibet is een directe vertaling van communistische propaganda-literatuur.

Vooral pers en radio droegen bij tot de verspreiding van de nieuwe terminologie. Sinds het begin 1980 is er in Lasa ook een dagelijkse televisie-uitzending, het programma werd overgenomen van de Chinese televisie, maar aangevuld met lokale programma's.

Gedurende de culturele revolutie waren er minder werken in het Tibetaans gedrukt. Nu verschijnen sinds 1980 weer herdrukken van sommige klassieke Tibetaanse werken. Zo bijvoorbeeld de poëzie van Mi-La Repa uit de elfde eeuw, de liefdespoëzie van de zesde Dalai Lama

---

[5] EPSTEIN, I., 1983, p. 369

(1683-1706), het verhaal van de jonge Damei. Deze boeken moeten met de nodige omzichtigheid gelezen worden, ze werden voorzien van een voorwoord waarin de lezer verwittigd wordt voor de verderfelijke aard van het boek en de invloed van het oude regime. Ook modern Tibetaans werk, vooral met actuele thema's zoals: ‚Overleven en anthologie van het grasland' en vertalingen werden gedrukt. In 1980 werden 12 nieuwe teksten in het Tibetaans uitgegeven, in 1981 30 op een totaal van 120 titels, goed voor 2.000.000 boeken. Het gaat vooral om werken van Marx, Lenin, Engels en verder literatuur en wetenschap en techniek. Sinds eind 1981 bestaat er een tijdschrift voor Tibetaanse literatuur en een tijdschrift voor Tibetaanse studiën in verband met sociale wetenschappen.

Ook het Tibetaanse theater heeft de invloed ondergaan van de veranderde samenleving en China. Toepassing van de partijlijn: kunst voor arbeiders, boeren en soldaten. Bijvoorbeeld het toneelstuk: ‚Nieuw leven voor Ral-pa'. Het handelt over de nieuwe status van de kaste van de bedelaars die als zigeuners over het hoogplateau trokken. De Lhamo-opera herleefde. Tibetaanse muziek met teksten over Mao. Tibetaanse dansgroep in Chinese kledij met Chinese make-up. De revolutionaire Beijing opera's, die gedurende de culturele revolutie waren opgevoerd, verdwenen van het programma. In de vocale muziek en toneelkunst werd de Tibetaanse opera gebruikt, aangepast aan de omstandigheden en aangevuld met elementen uit het Han-toneel. Lees: gezuiverd van feodale superstitie. Tegenwoordig doet men pogingen om zoveel mogelijk gebruik te maken van vroegere vormen en thema's, om het Tibetaanse karakter van de cultuur beter tot haar recht te laten komen. Chinese en westerse werken werden in het Tibetaans vertaald en opgevoerd door Tibetaanse toneelgezelschappen. In 1981 werd Romeo en Julia van Shakespeare opgevoerd.

De heropbouw van enkele vernielde kloosters en tempels werd reeds vermeld. Het was de bedoeling ze te bewaren als cultuurmonumenten en tegelijkertijd het gelovige volk te voorzien van plaatsen voor de eredienst. Vanaf 1979 werd de Jokhang kathedraal in Lasa weer enige dagen per week opengesteld. Het was één van de eerste tekenen van liberalisering. Ook de rondgang van Bhakor werd weer toegelaten. De tolerantie voor geloofsbeleving gold aanvankelijk alleen voor de ouderen. Pas in 1980 kwam het religieuze leven openlijk en algemeen tot uiting en verschenen er ook weer enige monniken in het openbaar. Officieel bleven pelgrimstochten verboden, maar toch trokken er weer Tibetaanse pelgrims naar de heilige plaatsen. Wie zijn werk verlaat verliest zijn salaris en rantsoenkaart en zal die moeilijk terugkrijgen. Het herleven van dergelijke oude tradities werd afgekeurd. Slechts weinig

In de plassende regen wachten de monniken op de Dalai Lama (Dharamsala, noord-India).

monniken leiden religieuze diensten, meestal treden ze op als huisbe-waarders. Er zouden nog tussen 1000 en 2000 lama's overblijven. De afvaardigingen van de Dalai Lama waren verbaasd over de levendige geloofsovertuiging, ook bij de jeugd, die het oude Tibet niet had gekend.

De vrijheid van geloof werd gewaarborgd door de Chinese grondwet. In haar resolutie van juni 1981 herhaalde het centraal comité van de Chinese communistische partij het principe van de godsdienstvrijheid.

Maar voegde er het volgende aan toe: ‚Het naleven van de vier fundamentele principes: de socialistische weg, de dictatuur van het proletariaat, het leiderschap van de partij en de Marxistisch-Leninistische-Mao-Zedong-gedachte, betekent niet dat de gelovigen moeten verzaken aan hun geloof, maar dat zij geen propaganda mogen voeren tegen de Maristisch-Leninistische-Mao-Zedong gedachte en dat zij door hun religieuze activiteiten niet mogen tussenkomen in politiek en onderwijs'. Volgens de partij is de religie een voorbijgaand historisch fenomeen, eigen aan de ontwikkeling van de mensheid. Ze vindt haar oorsprong in de angst van de mens voor het onbekende. Het religieus geloof verdwijnt pas na een lange periode van sociale en economische ontwikkeling. De Chinese Communistische Partij erkent dat het boeddhistisch Lamaïsme nog zeer levendig is in Tibet, waardoor het een element is in de klassestrijd, een instrument waarmee de gevestigde macht het volk onderdrukt. Het is de taak van de partij de eenheid van de massa te realiseren, en hierbij mag geen onderscheid worden gemaakt tussen gelovigen en atheïsten. Alhoewel het Marxisme atheïstisch is, is er in de praktijk geen beletsel om een eenheidsfront te vormen met de patriottische gelovigen. Om te voorkomen dat het geloof de eenheid in de weg zou staan, mag de religie niet tussenkomen in de administratie, het burgerlijk recht, het onderwijs en de sociale opvoeding. Ook mogen er in naam van de religie geen verplichtingen worden opgelegd, privileges worden toegekend, noch mag oppositie worden gevoerd tegen de Chinese communistische partij, het socialistische systeem of de eenheid tussen de nationaliteiten.

De partij is van oordeel dat na een lange periode van vernieling, een beperkt herstel van de historische monumenten nodig is. De vergunningen en fondsen hiervoor zullen worden verleend. De religieuze activiteiten mogen op de toegewezen plaatsen worden georganiseerd onder controle van het departement voor religieuze zaken. De Boeddhistische Vereniging van China zal de partij bijstaan in het uitvoeren van religieuze politiek. De religie werd dus toegelaten om de interne stabiliteit te vergroten, de steun van de massa te verwerven en de wereldopinie te beïnvloeden. De godsdienst is niet vrij. Er is controle op de plechtigheden en de publicaties en wat tegen het regime zou kunnen gericht zijn, wordt niet toegelaten. Het doel van de Chinese Communistische Partij blijft door ontwikkeling van de maatschappij, de economie, de wetenschap en de techniek geleidelijk aan de sociale en cognitieve grond voor de religie uitschakelen.

Misschien brengt het nader beschouwen van de vraag of Marxisme en Boeddhisme tegenover mekaar zullen blijven staan of dat een synthese mogelijk is, enige interessante punten naar voor. Boeddhisme en Marxisme zijn beide atheïstische filosofieën die uitgaan van de existentiële ervaring en bij de mens zelf de verantwoordelijkheid voor zijn bestaan leggen. Voor het Marxisme moet de mens verlost worden uit de vervreemding die voortvloeit uit de onrechtvaardige produktieverhoudingen die zijn mens-zijn bepalen. Het is niet het bewustzijn van de mens dat het zijn bepaalt, maar het maatschappelijke-zijn dat het bewustzijn bepaalt. De mens moet verlost worden uit de onderdrukking van de maatschappelijke verhoudingen en dat is alleen mogelijk als de onderdrukten de macht in handen nemen. Voor Marx ging het over het kapitalistische produktiesysteem en de begeleidende politieke, sociale en juridische verhoudingen. Volgens de Marxistisch-Leninistische opvatting wordt de Tibetaanse theocratie gekenmerkt door uitbuiting van een arme massa door een religieuze, aristocratische minderheid in een verwaarloosde economie gekenmerkt door immobilisme.

Voor de boeddhisten is het menselijk leven lijden en illusie, het individueel bestaan wordt gekenmerkt door het karma. Door zijn reïncarnatie heeft de mens de mogelijkheid tot innerlijke vervolmaking en kan hij uiteindelijk opgaan in het verlossende nirvana. De dharma beschouwt het materiële als bijkomstig, het spirituele primeert. De Boeddha gaf de mensheid een modus operandi om het lijden te overwinnen. Het Boeddhisme is geen filosofisch idealisme dat het materiële en sociale leven negeert. Boeddhisme is zowel theorie als praktijk. De verbetering van het sociale leven is positief voor het Boeddhisme als leer. De materiële en geestelijke vooruitgang moeten in harmonie verlopen. De sociale houding moet gebaseerd zijn op goedheid, liefde en medelijden, dit is van vitaal belang voor de ontwikkeling van de samenleving. Geluk is geen privilege voor een elite, maar een universeel recht. Dit aspect van het Boeddhisme wordt behandeld in de Sutta Pitaka. De ongelijke verdeling van rijkdom is een bron van disharmonie. De regeerders moeten zorgen voor economische welvaart. Hier verwijst de Kudanta Sutta (Digha Nikaya collectie) naar. Economische en politieke systemen zijn middelen in dienst van het verbeteren van de ,mens'. De boeddhistische leer is gericht op het realiseren van een reële sociale harmonie, waarin iedereen zijn eigen plaats krijgt op basis van wederkerigheid, zonder dat dwang, geweld of agressie nodig zijn. Het Savastivadi Vinaya gedrag legt de nadruk op het vermijden van geweld. De gedragsregels van de Mahayana Bodhisattva Vinaya zijn beperkt tot geweldloosheid, ze schrijven ook een positief streven voor, in het belang van het geluk van de anderen. De sociale perspectieven worden opgesomd in de 6 paramita's. Het welzijn van de samenleving is uiteindelijk afhankelijk van de innerlijke houding van een volk. De omvorming van de samenleving is complementair aan de omvorming van het bewustzijn. Het verruimen van het bewustzijn laat de mens toe zijn persoonlijke bekommernissen te overstijgen en inzicht te verwerven in de sociale dimensie van zijn bestaan en uitgaande van de boeddhistische leer een vooruitstrevend relatiepatroon te ontdekken.

Zoals voor het Marxisme is ook voor het Boeddhisme het algemeen belang van de samenleving van grote betekenis, zij het uitgaande van andere premissen en met andere doelstellingen. Het is echter op deze basis dat het Tibetaans Boeddhisme met de Chinese machthebbers een dialoog wil aangaan in een poging beide systemen te verzoenen tot voordeel van het Tibetaanse volk. Het is de realiteit, schrijft de Dalai Lama, dat thans een groot deel van de boeddhistische beschaving, van de grenzen van Thailand tot Siberië, ligt binnen de grenzen van staten met communistische regimes.

Het communisme kan het Boeddhisme niet vernietigen, maar net zo min kan het Boeddhisme het communisme vernietigen. Het Boeddhisme alleen is niet genoeg voor het voeren van een allesomvattende socioeconomische politiek gericht op de toekomst, maar het Marxisme volstaat niet om te voldoen aan de meest fundamentele behoeften van de mens.

Een groot aantal Tibetanen in ballingschap zijn er zich van bewust dat het tijdperk van de theocratie voorgoed voorbij is en het onmogelijk is de Chinezen te verdrijven. De Tibetaanse samenleving is betrokken in een onomkeerbaar proces van verandering. Het doel van de Tibetanen is te komen tot een maatschappij met een rijke verscheidenheid van religieuze, politieke en economische systemen die mekaar aanvullen en zo de harmonische samenleving mogelijk maken. Er is geen alternatief.

BESLUIT: TIBET, HET STILLE DRAMA

Het drama van Tibet is dat van een religieus georiënteerde beschaving die het gevaar loopt ten onder te gaan aan de confrontatie met een materialistisch geïnspireerd regime. Het Tibetaanse volk leefde in stille afzondering, nauwelijks beroerd door de ontwikkelingen in de wereld. Het ontwaken was pijnlijk, vele veranderingen werden in korte tijd van buiten uit opgelegd.

Tot 1950 behield Tibet zijn traditioneel theocratisch feodaal systeem. Door het ineenstorten van het Chinese keizerrijk in 1911 had het land zijn feitelijke onafhankelijkheid weer volledig verworven. Het kon die behouden zolang China zwak was en met interne conflicten en chaos kampte. De Tibetanen beschouwden de traditionele band via het tribuut als beëindigd. De dertiende Dalai Lama was zich bewust van de dreiging die Tibet boven het hoofd hing en zag de noodzaak in van hervorming van de Tibetaanse samenleving. De aristocratie en de kloosters verzetten zich echter tegen elke vernieuwing die de traditie of hun positie kon aantasten en zo raakte Tibet verstrikt in het immobilisme.

Het volk was arm, maar aanvaardde zijn karma en de lange weg die de mens moet afleggen voor hij het nirvana bereikt. Het feodale systeem drukte zwaar op de bevolking en de levensomstandigheden waren primitief. Tibet was geen Shangrila.

Het alles overheersende geloof, gesymboliseerd door de Dalai Lama, de god-koning, was de factor die de samenleving tot eenheid en stabiliteit bracht. Het volk was vroom uit innerlijke overtuiging, daarom is het niet verwonderlijk dat de kerkelijke hiërarchie zeer machtig was. De oprechte religieuze ingesteldheid van de Tibetanen wordt bevestigd door het feit dat 30 jaar Chinese bezetting er niet in geslaagd zijn het Boeddhisme te vernietigen. Kloosters zijn vernield, monniken zijn verjaagd en de godsdienst is uit het openbare leven verdwenen maar de religie is niet ten onder gegaan, integendeel, ze heeft nieuwe vitaliteit gekregen en is zuiverder geworden.

Toen China in 1950 Tibet binnenviel, beschouwde het zich niet als een veroveraar maar als een bevrijder, die gerechtigd was een strategisch belangrijk deel van zijn grondgebied veilig te stellen. Tibet werd reeds meer dan twee eeuwen als deel van het keizerrijk beschouwd, zowel door de dynastie, de nationale republiek als door de Volksrepubliek. De Chinese Communistische Partij erkende wel het recht op een zekere autonomie, maar niet het recht op afscheiding. Tibet was militair en diplomatiek weerloos en bijgevolg verplicht het Zeventien Punten Verdrag voor de bevrijding van Tibet te aanvaarden. Het verdrag voorzag dat de feodale theocratie (in principe) voorlopig behouden bleef. Met de installatie van Chinese militairen en burgers begon de nationale werk dat tot doel had de Tibetaanse samenleving te integreren in het Chinese model.

Grootse programma's werden opgezet om de Tibetaanse landbouw en veeteelt te moderniseren, de basis te leggen voor een lokale industrie, medische verzorging en onderwijs te voorzien. Het belangrijkste was de aanleg van verbindingswegen met China, zowel voor de ontwikkeling van het gebied als voor de opbouw van de militaire macht.

Aanvankelijk volgden de Chinezen een gematigde lijn maar reeds in het midden van de jaren vijftig werd gepoogd het tempo van de hervormingen op te drijven. Tibet zou evolueren tot een autonome regio en daarbij een reorganisatie van politiek, bestuur en economie ondergaan. Het verzet tegen de veranderingen groeide en resulteerde in de opstand van 1959, waardoor het traditionele Tibetaanse gezag volledig werd uitgeschakeld. De democratische en later de sociale hervormingen konden nu ongehinderd worden doorgevoerd. De Chinezen zetten hun inspanningen om het gebied te ontwikkelen verder. Vele Han-Chinezen emigreerden naar Tibet om er te werken in de administratie en economie. Een sterke troepenmacht verzekerde de binnenlandse veiligheid en beschermde de grenzen. Men hield echter te weinig rekening met de eigenheid van de bevolking en de ligging van het land en bereikte daardoor niet het gehoopte resultaat. De culturele revolutie bracht een zware slag toe aan de Tibetaanse cultuur en religie en ze versterkte de afkeer van de Tibetanen voor de Chinezen.

Alhoewel op vele gebieden (landbouw, veeteelt, industrie, verbindingswegen, medische verzorging, onderwijs, ...) vooruitgang werd geboekt, bleef de levensstandaard van de meerderheid van de bevolking zeer laag. De Chinese regering was meer dan ooit genoodzaakt op grote schaal steun te verlenen.

De Tibetanen hebben taai weerstand geboden aan de Chinese pogingen tot assimilatie. Zo verplichtten ze de Chinezen naar nieuwe wegen van samenleving en samenwerking te zoeken. De grotere Tibetaanse aanwezigheid in het bestuur, de versoepeling op gebied van landbouw veeteelt, en handel, de belangstelling voor de Tibetaanse taal en cultuur, de meer effectieve godsdienstvrijheid en de toenadering tot de Dalai Lama en de Tibetaanse ballingen wijzen op een zekere liberalisering en meer aandacht voor de eigenheid van het gebied.

Het is de vraag of deze evolutie zal worden verdergezet , en of ze een weerspiegeling is van de evolutie van het Chinese communistisch regime zelf. Voor de Tibetanen blijft immers steeds de vrees voor een nieuwe ,Grote Sprong Voorwaarts', een nieuwe culturele revolutie of een andere Bende van Vier. Het is dit fundamenteel wantrouwen dat de Dalai Lama en zijn volgelingen aanzet tot grote omzichtigheid. Ze eisen niet meer, zoals na de opstand van 1959, de volledige onafhankelijkheid , daarvoor is het Chinese politieke en militaire overwicht te groot. Hun doel is wel autonomie op binnenlands vlak, zodat alle strekkingen in de Tibetaanse bevolking vrij aan bod kunnen komen. De Tibetanen stellen hun hoop op het pragmatisme dat China kenmerkt om tot een aanvaardbaar vergelijk te komen. De oude structuren hebben afgedaan en het land kan slechts tot welvaart komen door een aangepaste economische ontwikkeling. Door te voldoen aan de materiële en spirituele behoeften zal voor de Tibetanen geluk mogelijk zijn. Mocht het opzet van de Dalai Lama, namelijk te komen tot een synthese tussen Boeddhisme en Marxisme, slagen, dan zal er een nieuw maatschappijmodel ontstaan dat gevolgen kan hebben tot ver over de Tibetaanse grenzen.

BIJLAGEN

1. DE ACHT PRINCIPES VOOR DE TOEKOMSTIGE POLITIEK VAN TIBET

1. Bij de formulering van de politieke maatregelen betreffende de autonome regio Tibet, moeten de centrale autoriteiten uitgaan van de reële eisen van Tibet en rekening houden met de plaatselijke natuurlijke omstandigheden, de nationaliteiteneigenaardigheden, de economie, het ideologisch bewustzijn en de levensomstandigheden van alle daar levende nationale minderheden. Alle besluiten en maatregelen van de centrale autoriteiten moeten vervolgens de ‚echte toestemming en steun' van de Tibetaanse kaders en het Tibetaanse volk krijgen, anders moeten ze veranderd of uitgesteld worden. De ervaring van de Han-nationaliteit in het binnenland mag niet blindelings of koppig op Tibet worden overgedragen.

2. De eenheidsfrontafdeling van het centrale comité en de nationaliteiten-commissie van de staatsraad, moeten het centrale comité en de staatsraad helpen bij het onderzoek van de verhoudingen in Tibet, voorstellen doen en zich voor de oplossing van concrete arbeidsproblemen in Tibet naar de desbetreffende afdelingen richten.

3. De door de centrale autoriteiten genomen politieke maatregelen, vastgelegde principes en systemen, evenals de over het hele land verspreide documenten, directieven en besluiten, die niet aan de reële verhoudingen in Tibet beantwoorden, moeten in Tibet door het partijbestuur, de regering en de massaorganisaties niet worden uitgevoerd of kunnen flexibel gehandhaafd blijven. Voor belangrijke vragen, zou nochtans op voorhand advies moeten worden gevraagd, voor normale aangelegenheden is berichtgeving voldoende. Daar Tibet qua oppervlakte groot is en slechts dun bevolkt, mogen het aantal van de niet in de directe produktiesfeer tewerkgestelde personen en de uitgaven hiervoor niet zo hoog zijn als in het binnenland. Hiervoor moet de kwaliteit van het administratief personeel verbeteren, de administratie vereenvoudigen en de administratieve kosten beperkt worden.

4. De kaders van Tibet en van de andere nationale minderheden moeten prioritair opgeleid worden. De minderheidsfunctionarissen moeten in de mogelijkheid gesteld worden de hoofdverantwoordelijke te zijn voor de opbouw van Tibet. Bij het uitzenden van Han-kaders naar Tibet moeten de reële vereisten in acht genomen worden. Behalve de noodzakelijke (Han) kaders moeten vooral hoger geschoolde leerkrachten en specialisten naar Tibet gestuurd worden.

5. De verschillende centrale autoriteiten, in het bijzonder de plannings-, de economische, de culturele en tewerkstellingsafdeling evenals de gezondheidsafdeling, moeten bij het vastleggen van de lange termijn en de jaarplannen, rekening houden met de specifieke behoeften van Tibet, ernaar streven de redelijke wensen van Tibet te vervullen en actieve materiële, technische en andere hulp bieden.

6. De plaatsen en eenheden in het ganse land zullen overeenkomstig de directieven van de bevoegde instellingen, een goede bijdrage leveren ter ondersteuning van Tibet.

7. De verschillende centrale afdelingen, zoals de provincies, de steden onder rechtstreekse regeringscontrole en de autonome gebieden, moeten door de ,samenvatting (van het resultaat) van het forum over de arbeid in Tibet' aangesproken worden en ze moeten de problemen onderzoeken en maatregelen nemen om ze op te lossen.

8. Het partijcomité van de autonome regio Tibet moet in de geest van de derde, de vierde en de vijfde plenaire zitting van het elfde centrale comité en de ,samenvatting (van het resultaat) van het forum over de arbeid in Tibet', dat de ervaringen omtrent arbeid in het verleden bevat, succesvol verwerken, de tekorten te boven komen en de fouten herstellen. Het moet het plan voor de economische opbouw van Tibet herwerken en vernieuwen. Voor de ontwikkeling van de landbouw en veeteelt en de ontwikkeling van de buitenlandse handel moet het economisch management hervormd worden en verbeterd. De linkse tendensen moeten uit een hele reeks problemen met betrekking tot de privé-percelen, het privé-gebruikte grasland, het privé-vee en de thuisarbeid verwijderd worden. De door de partij (sinds de val van de Bende van Vier) genomen politieke maatregelen op het gebied van landbouw, veeteelt, handel en financiën, cultuur en onderijs, minderheden, religie, eenheidsfront enzovoort moeten door het partijcomité van de autonome regio Tibet uitgevoerd worden.

2. DE ZES VOORWAARDEN VOOR VERBETERING VAN DE TOESTAND IN TIBET

1. Volledige uitoefening van het recht van de nationale regionale autonomie onder leiding van het centrale comité van de Chinese Communistische Partij.

2. Daar de autonome regio Tibet momenteel nog steeds met grote problemen kampt, moet de last op de massa beperkt worden, om hen wat ruimte te geven om te ademen.

3. Er moet een specifieke en flexible politiek gevoerd worden in overeenstemming met de toestand in Tibet, en dit voor alle economische aspecten: landbouw, veeteelt, bosbouw, financiën, handel, industrie en communicatie.

4. De fondsen die de centrale autoriteiten toekennen aan Tibet moeten gebruikt woren om de landbouw en veeteelt te verbeteren en de levensstandaard van de Tibetanen te doen stijgen.

5. Cultuur, onderwijs en wetenschappen in Tibet moeten op energieke wijze opleven en ontwikkelen binnen het kader van de socialistische principes.

6. De politiek van de Chinese Communistische Partij met betrekking tot de kaders van de nationale minderheden moet correct worden uitgevoerd en er moeten grote inspanningen worden gedaan om de eenheid tussen de Han en de Tibetaanse kaders te versterken.

3. GRONDWET VAN 1978, HOOFDSTUK III :
DE FUNDAMENTELE RECHTEN EN PLICHTEN VAN
DE BURGERS, ARTIKEL 46.

De burgers genieten de vrijheid te geloven in religie en de vrijheid niet te geloven in religie en het atheïsme te propageren.

4. CH. AKTUELL FEBR. 1983 p. 128 VAN DE GRONDWET VAN 1982, ARTIKEL 36.

De burgers van de Volksrepubliek China genieten de vrijheid van religieus geloof.

Staatsorganen, publieke organisaties of individuen zullen de burgers niet dwingen te geloven in religie of niet te geloven in religie, noch zullen zij burgers die geloven of burgers die niet geloven in religie discrimineren.

De staat beschermt legitieme religieuze activiteiten. Niemand mag de religie gebruiken om contra-revolutionaire activiteiten of activiteiten die de openbare orde verstoren, de gezondheid van de burgers schaadt of het onderwijssysteem van de staat hindert uit te voeren.

5. CHRONOLOGISCHE TABEL VANAF DE REGERING VAN DE DERTIENDE DALAI LAMA

TIBET

1876-1933: dertiende Dalai Lama: Tubten Gyatso, hij wordt in 1895 in zijn ambt aangesteld.

1883-1937: negende Panchen Lama: Geleg Namgyal.

1904: opmars van een Brits expeditieleger die de Dalai Lama verplicht te vluchten, eerst naar Mongolië, later naar Beijing.

1909: Panchen Lama keert terug uit Beijing naar Lasa.
1910: na de inval van de Chinese troepen in Oost-Tibet vlucht de Dalai Lama naar Darjeeling in India.

BUITENLAND

1875-1908: Qing-keizer: Kang Xi. De werkelijke macht wordt uitgeoefend door de keizerin-weduwe Tse Xi.

1900: Dordjeff, een Buriatistisch-Mongoolse lama poogt in opdracht van de tsaar de contacten tussen Rusland en Tibet te herstellen.
1904: Groot-Brittannië beantwoordt de Russische toenaderingspoging met een expeditie naar Lasa onder leiding van kolonel F. Younghusband.
1905: Sun Yat-Sen (1866-1925) richt de Kuomintang op.

1911: burgerrevolutie in China, die leidt tot de val van de Qing-dynastie.

1912-1913: het Chinese garnizoen wordt uit Lasa verdreven. De Dalai Lama keert terug uit ballingschap en verklaart Tibet onafhankelijk.

1912: Sun Yat-Sen roept in Nanjing de burgerlijke republiek uit.

1913-1914: Simla-conferentie tussen Tibet, Groot-Brittannië en China. Binnen-Tibet zou autonoom worden en Buiten-Tibet zou onder Chinees gezag vallen.

1914: China weigert het Simla-verdrag te ratificeren.

1917: voortdurende strijd tegen de Chinese troepen in Oost-Tibet.

1914-1918: wereldoorlog I.

1920: oprichting van de Volkenbond.

1924: negende Panchen Lama vlucht naar Beijing.
1933: dertiende Dalai Lama sterft, Reting Rimpoche wordt regent (1934-1941).

1934-1935: de Lange Mars van de communisten onder leiding van Mao.

1935: geboorte van de veertiende Dalai Lama, Tenzin Gyatso.
1938: geboorte van de tiende Panchen Lama, Tschogyi Gyaltsen.

1940-1945: wereldoorlog II.

1941-1950: Taktra Rimpoche wordt regent.
1944: officiële erkenning van de Panchen Lama door Beijing, maar niet door Lasa.

1946: oprichting van de Verenigde Naties.

1947: Tibetaanse handelsmissies naar Europa en Amerika.

1947: onafhankelijkheid van India.
1949: Mao roept de Volksrepubliek China uit.
1950: begin van de oorlog in Korea.

19-10-1950: Chinese inval in Oost-Tibet, gevolgd door een snelle verovering van dit gebied. Ngabo Ngawang, een Tibetaanse minister, collaboreert met de Chinese bezettingsmacht.

17-11-1950: de veertiende Dalai Lama neemt de leiding van de regering over en vlucht tijdelijk naar het Tschumbidal, maar keert in 1951 terug naar Lasa.

1950: de Verenigde Naties geven geen gevolg aan de Tibetaanse klacht tegen de Chinese inval.

23-5-1951: Tibetaanse delegatie, onder leiding van Ngabo, ondertekent in Beijing het Zeventien Punten Verdrag over de bevrijding van Tibet.
9-9-1951: Chinese troepen trekken Lasa binnen.
1952:
– Panchen Lama keert terug naar Tibet.
– aanleg van verbindingswegen tussen China en Tibet.

1953: opstand in Oost-Berlijn.

1954: de Dalai Lama bezoekt China.
1956: begin van de guerillaoorlog in Oost-Tibet.

1956: opstand in Hongarije.

1957: begin van de dekolonisatie van Afrika en Azië.

10-3-1959: opstand in Lasa.
17-3-1959: vlucht van de Dalai

Lama naar India. 17-7-1959: begin
van de democratische hervormingen, namelijk de communistische
revolutie in Tibet.

1962: meer dan 70 000 Tibetanen
zijn naar India gevlucht.

eind 1962: oorlog tussen China
en India in de Himalaya.

1963: de Dalai Lama kondigt in
ballingschap een democratische
grondwet af.

1964: de Panchen Lama wordt uit
zijn ambt ontheven en in Beijing
onder huisarrest geplaatst.

9-9-1965: oprichting van de autonome regio Tibet volgens Chinees
model.

augustus 1966: begin van de
culturele revolutie in Tibet,
deze duurt tot 1976 (dood van
Mao en val van de Bende van
Vier). Er worden systematische
aanvallen gedaan op de Tibetaanse cultuur en religie.

mei 1966: begin van de culturele revolutie in China.

1969: China brak met de Sovjetunie.

1975: collectivisering van landbouw en veeteelt.

9-9-1976: dood van Mao Zedong.
1976: val van de Bende van Vier.
1977: nieuwe koers onder leiding
van Deng Xiaoping.

januari 1979: China zoekt toenadering, vraag aan de Dalai
Lama om terug te keren. augus-
tus-november 1979: bezoek van de
eerste delegatie van de Dalai Lama
aan Tibet.

voorjaar 1980: China herziet
zijn houding tegenover Tibet,

de partij doet aan zelfkritiek, er komt een uitgebreid hulp-programma, er worden pogingen gedaan de Tibetaanse cultuur in ere te herstellen en er komt meer religieuze vriheid.

20-6-1980: richtlijn van de autonome Tibetaanse regering en vergaande liberaliserings-politiek door Beijing.

BIBLIOGRAFIE

1. BOEKEN

Z. AHMAD, *China and Tibet: 1708-1959, A Résumé of Facts*, Oxford, 1960.

An., *Grands changements au Tibet*, Beijing, 1972.

An., *Le Tibet et la république populaire de Chine, rapport présenté à la commission internationale de juristes par le comité juridique d'enquête sur la question du Tibet*, Genève, 1960.

An., *Tibet Today*, Beijing, 1974.

An., *Tibet under Chinese Communist Rule: A Compilation of Refugee Statements: 1958-1975*, Dharamsala, 1976.

G.T. ANDRUGTSANG, *Four Rivers, Six Ranges. Reminiscences of the Resistance Movement in Tibet*, Dharamsala, 1973.

W. BANNING, *K. Marx, leven, leer en betekenis*, Antwerpen, 1961.

N. BARBER, *Het verloren land*, Apeldoorn, 1971.

C. BELL, *Tibet, Past and Present*, Oxford, 1924.

C. BEEL, *The Portrait of the Dalai Lama*, London, 1046.

P. BLANC, *Tibet éternel, du lac Kokonor à l'Everest, en passant par Lhassa*, Paris, 1982.

E.R. BORER, *China ohne Maske*, Kreuzlingen, 1972.

B.R. BURMAN, *Religion and Politics in Tibet*, New Delhi, 1979.

P. CARRASCO, *Land and Polity in Tibet*, Seattle, 1959.

A. CHAND, *Tibet, Past and Present: 1660-1981*, New Delhi, 1982.

DALAI LAMA (Ngawang-Lobsang-Yishey-Tenzing-Gyalyso), *«My Land and my People.»* ,New York, 1962, 1977.

E.K. DARGYAY, *Tibetan Village Communities, Structure and Change*, Warminster, 1982.

J.T. DREYER, *China's Forty Millions*, Harvard, 1976.

W. EBERHARD, *China's Minorities: Yesterday and Today*, Berkeley, 1982.

I. EPSTEIN, *Tibet Transformed*, Beijing, 1983.

J. FRASER, *De Chinezen*, Utrecht, 1981.

G. GINSBURGS, M.G. MATHOS, *Communist China and Tibet, The First Dozen Years*, Den Haag, 1964.

H. HARRER, *Sieben Jahren in Tibet*, Innsbruck, 1957.

H. HARRER, *Wiedersehen mit Tibet*, Innsbruck, 1983.

HENGSTE TU, *A Study on Treatise and Agreements, Relating on Tibet. «A Documentary History of the International Relations of»* *Tibet*, Taipei, 1971.

H. HOFFMANN, *Tibets Eintritt in die Universalgeschichte*, Wiesbaden, 1950.

P.P. KARAN, *The Changing Face of Tibet*, Kentucky, 1976.

T.T. LI, *Tibet: Today and Yesterday*, New York, 1959.

ZHU LI, *Tibet no Longer Medieval*, Beijing, 1981.

T. LING, «*Buddha, Marx and God, Some Aspects of Religion*» in the *Mode*, London, 1979.

T. LOWELL, *The Silent War in Tibet*, Westport, 1959, 1973.

D. MACDONALD, *Moeurs et coutumes des Thibétains*, Paris, 1930.

J. MAC GREGOR, *Tibet, Today and Yesterday*, New York, 1960.

J. MAC GREGOR, *Tibet, A Cronicle of Exploration*, New York, 1970.

N. MAITRA, *Rape of Tibet*, Calcutta, 1963.

J.P. MITTER, *Betrayal of Tibet*, Bombay, 1964.

G. MOSELY, *The Party and the Nationalities Question in China*, Massachusetts, 1966.

C. MULLIN, *The Tibetans*, Minority rights group rep. 49, London, 1978.

D. NORBU, *Red Star over Tibet*, London, 1974.

T.J. NORBU, C.M. TURNBILL, *Tibet: Its History, Religion, and People*, Singapore, 1983.

K. PALJOR, *Tibet, the Undying Flame*, Dharamsala, 1976.

R. RAHUL, *The Government and Politics of Tibet*, New Delhi, 1969.

H.E. RICHARDSON, *Tibet and its History*, Oxford, 1962.

H.E. RICHARDSON, *A Short History of Tibet*, New York, 1962.

H.E.RICHARDSON, D.L. SNELLGROVE, *A Cultural History of Tibet*, London, 1968, Boulder, 1980.

V. RONGE, *Das Tibetische Handwerkertum for 1959*, Wiesbaden, 1978.

S. SCHARM, *Authority, Participation and Cultural Change in China*, Cambridge, 1973.

W.D. SHAKABPA, *Tibet: A Political History*, Yale, 1967.

E. SNOW, *Red Star over Tibet*, New York, 1938.

R.A. STEIN, *Tibetan Civilisation*, London, 1972.

A.L. STONG, *When Serfs Stood up in Tibet, A Report*, Beijing,1965.

T.R. TREGEAR, *China, A geographical Survey*, London, 1980.

L. TRIVIERE, *La Question du Tibet*, Paris, 1979.

R.J. TUNG, *A Portrait of Lost Tibet*, London, 1980.

UNION RESEARCH INSTITUTE, *Tibet (1950-1967)*, Hong Kong, 1968.

D. VAN DER HORST, *Geschiedenis van China*, Antwerpen, 1977.

E. VERMEER, *China, landendocumentatie*, Amsterdam, 1982.

H.C. WANG, *The True Features of the Chinese Communist Tibet Model*, Taipei, 1982.

M. ZEDONG, *Selected Works*, Beijing, 1967.

ZHUANG ZHENG, *Zhong guo xiao su min chu*, Beijing, 1981.

2. TIJDSCHRIFTEN, KRANTEN EN DOCUMENTEN.

Beijing Information, Beijing.

China Aktuell, Hamburg.

China Now, London.

China Nu, Utrecht.

China Pictorial, Beijing.

China Quarterly, London.

Far Eastern Economic Review, Hong Kong.

Inforiënt, Leuven.

Inside China Mainland, Beijing.

Issues and Studies, A Journal of China Studies and International Affairs, New Delhi.

New York Times, New York.

Peking Information, Beijing.

Peking Review, Beijing.

People's Daily, Beijing.

Quarterly Journal of the Indian School of International Studies, Bombay.

Standaard, Groot-Bijgaarden.

Summary of Worldbroadcasting/Far East, London.

The Tibet Journal, London.

Tibet News Review, Brighton.

Tibetan Review, New Delhi.

Times, London.

VN-document, A, 5100.

INDEX